A NOVA ETIQUETA

ANDRÉIA DIAS

Presidente:
Mauricio Sita

Vice-presidente:
Alessandra Ksenhuck

Diretora executiva:
Julyana Rosa

Diretora de projetos:
Gleide Santos

Relacionamento com o cliente:
Claudia Pires

Direção de conteúdo:
José Ruy Gandra

Mentoria editorial:
Gandra Livros sob medida

Capa e ilustrações:
Maria Eugenia Longo Cabello Campos

Diagramação e projeto gráfico:
Gabriel Uchima

Revisão:
Nicolas Casal

Impressão:
Gráfica Impress

Dados Internacionais de Catalogação na Publicação (CIP)
(eDOC BRASIL, Belo Horizonte/MG)

D541n

Dias, Andréia.
A nova etiqueta / Andréia Dias. – São Paulo, SP: Literare Books International, 2022.
14 x 21 cm

ISBN 978-65-5922-342-8

1. Literatura de não-ficção. 2. Etiqueta. 3. Moda. 4. Estilo de vida. 5. Conduta. I. Título.

CDD 395

Elaborado por Maurício Amormino Júnior – CRB6/2422

Literare Books International.
Rua Antônio Augusto Covello, 472 – Vila Mariana – São Paulo, SP.
CEP 01550-060
Fone: +55 (0**11) 2659-0968
site: www.literarebooks.com.br
e-mail: literare@literarebooks.com.br

A Rui Koji Nakagawa,
meu amor (*in memoriam*).

Para Ana Harumi,
minha filha.

Agradecimentos

Gratidão é, sem dúvida, uma das minhas virtudes preferidas e a qual faço questão de exercitar.

Então, quero agradecer primeiramente aos meus pais, Mércia e Arlindo, pela vida e educação. A minha irmã Adriana, pelo amor incondicional e a minha prima/irmã Fernanda, pelo ombro. A minha família, por ser parte da minha história, especialmente a minha tia/madrinha Lourdes, por seu carinho. A Dona Seika Nakagawa, que me inspira na arte de ter uma vida verdadeiramente virtuosa. Um obrigada especial a José Ruy Gandra, por nossas enriquecedoras conversas, por sua orientação e tão importante contribuição na construção deste projeto. Estendo minha gratidão a Beth Klock, por sua paciência ao lhe confidenciar minhas virtudes e vícios; a Inês Pereira, por sua colaboração e entusiasmo em nossas discussões sobre a Nova Etiqueta. Ao Dr. Thiago José Buer Reginato, pela atenção e acompanhamento no meu processo de reconstrução. As minhas amigas "Angel's" e "Sabidinhas", pelo constante apoio. Grata, por toda a minha preciosa rede de antigas e novas amizades que sempre me incentiva.

Prefácio

por Ada de F.M. Dencker

A Cultura Digital mudou as formas de relação social, instituindo um novo conjunto de práticas, costumes e formas de interação social, processadas pelas TICs — tecnologias de informação e comunicação. Isso acarretou uma grande mudança nas formas de relacionamento nas comunidades, nas famílias, escolas e corporações impactadas pela redução cada vez maior do contato face a face. Valores como delicadeza, empatia, respeito, foram sendo colocados em segundo plano na medida em que o comunicador se sente diante de uma máquina e não de uma pessoa. Com a Pandemia da Covid e a necessidade do isolamento, essas mudanças se acentuaram e acarretam diferentes formas de comportamento, frequentemente insolentes e agressivas. Em um cenário hostil como o que estamos vivendo, a proposta feita por Andréia Dias de uma Nova Etiqueta, como fator promotor e renovador das relações sociais, com base em virtudes esquecidas, é um bálsamo. A rica experiência de vida da autora, trazida com inteligência e sensibilidade na narrativa, nos coloca no cenário da vida atual com seus sofrimentos, angústias e frustrações. A inspiração na cultura oriental, o cultivo da beleza, das cores, do respeito, traz de volta uma nova forma de etiqueta com base em valores como empatia, solidariedade, busca de novas formas de superação e autoafirmação que não implicam na exclusão do outro. A hospitalidade, a cortesia, a observância de regras e o cultivo das amizades, nas relações virtuais, são fundamentais para o aprimoramento da Cultura Digital que a cada dia vem deteriorando as relações sociais e tornando as redes espaços de exclusão. Minha relação com a autora, que se mantém até hoje, apesar da diferença de idade e da falta de contato pessoal, é exemplo da possibilidade do exercício da empatia mesmo por meio das redes. Andréia, para mim, é um exemplo da capacidade de enfrentar a vida seguindo padrões éticos, cultivando valores morais, superando as adversidades com base em suas experiências de vida. O resultado é que ela nos oferta não um manual com regras de etiqueta, mas uma bússola que permite navegar de forma segura e solidária nas ondas revoltas do mundo que estamos enfrentando. Aqui você não vai encontrar fórmulas prontas, conselhos pontuais e regras antiquadas de etiqueta. Andréia nos inspira a construir as próprias regras, com base em virtudes, na busca de um mundo melhor, mais belo, mais justo, inclusivo e hospitaleiro fundamentado em uma relação democrática entre a teoria e a prática. A experiência de vida em diferentes níveis sociais e culturais, a observação de princípios e valores diversos, levam Andréia a cultivar a fecundidade das diferenças culturais para fundamentar a força com que desenvolve suas habilidades na resolução de problemas. Como disse Habermas na Inclusão do outro: "a reflexão sobre experiências, práticas e formas de vida traz a consciência um saber ético de que ainda não dispomos pela autoridade epistêmica".

Boa leitura a todos.

Ada de F.M. Dencker, Doutora em Ciências da Comunicação. Professora universitária e Membro do corpo editorial de várias revistas como Turismo em Análise, Boletim de Estudos em Hotelaria e Turismo, Ensino e Pesquisa em Turismo, Caderno Virtual de Turismo (UFRJ), Revista Cultura e Turismo, Revista Rosa dos Ventos e Revista Hospitalidade.

Prefácio
O sentimento do mundo
por José Ruy Gandra

Em seu caminho acidentado história adentro, é bem provável que nunca, como agora, o ser humano tenha enfrentado tantas perplexidades e dúvidas diante das mudanças na realidade que o cerca. Afinal: que mundo é esse, o dos algoritmos, de pessoas e empresas hiperconectadas e de avanços tecnológicos que vão se sobrepondo quase que diariamente? Como devemos encará-lo? A resposta é... Ainda não sabemos! Tudo o que podemos dizer, por ora, é que ele veio para ficar. A revolução digital, com sua fúria transformadora, não deixou praticamente nada em pé. Amplificada e, de certa forma, antecipada pela pandemia, ela subitamente virou do avesso padrões, regras, comportamentos, valores e costumes que nos acompanharam por séculos. Em todas as áreas. No plano pessoal. Em família. No trabalho. Em sociedade. Como agir nesse cenário altamente volátil, em que tudo parece ser reinventado num ritmo quase diário? Mais importante ainda. Como conduzir a própria vida e a busca por felicidade nessa usina tecnológica em movimento incessante? É isso que Andréia Dias nos ensina, com este seu livro mais que bem-vindo. Tudo mudou, ela nos ensina. Regras. Comportamentos. Interações. Mas o ser humano, em sua essência, permanece o mesmo. O dilema retorna então à esfera da qual jamais deveria ser saído. Retorna para nós mesmos, que nos equilibramos entre dois mundos: o que ele era e o que se tornou. Uma nova realidade que pode nos excluir sumariamente do jogo, por não conseguirmos acompanhá-lo; mas pode também nos impulsionar de modo fantástico em todas essas dimensões. Seguir um caminho ou outro depende fundamentalmente de nós mesmos. Não é à toa que Andréia considera a etiqueta uma ferramenta poderosa de desenvolvimento pessoal. Em sua análise serena, ela nos mostra que, muitíssimo mais que um mosaico de regras frívolas, excludentes e de baixa serventia social, a etiqueta pode ser a senha para um novo olhar sobre o mundo, as nossas relações com os outros e, acima de tudo com a nossa própria consciência. De que modo? Basicamente, sendo nós mesmos. Genuínos. Ou, para usar uma expressão recorrente nesta obra, exercitando as nossas virtudes. Não de modo hipócrita, como tantos. Mas sim deliberadamente. Sentimentos como a coragem, o respeito, o equilíbrio, o discernimento e o zelo não se encontram nas prateleiras de supermercados. Eles nascem em casa, no cultivo diário que só a educação familiar pode proporcionar. Noutras palavras: as virtudes e valores são como flores. Se bem regadas, desabrocham. Se negligenciadas, fenecem. A Nova Etiqueta, no entanto, não se limita à esfera pessoal. Ao contrário. Ela tem um olho permanentemente aberto para o coletivo. É desse modo que as virtudes, uma capacidade individual cultivada, colocam-se a serviço de algo muito maior: o bem comum. O mundo, sabemos muito bem, vive hoje uma pulsão áspera entre o individualismo extremo ocidental e o coletivismo estatal chinês, que avança em todo o planeta. Algo novo, ainda inimaginável, decerto brotará dessa esquina da História. A Nova Etiqueta, como concebida por Andréia, é a nossa contribuição para que, num momento tão complexo, as mais nobres qualidades humanas possam aflorar como um código de conduta democrática e solidária. Parafraseando Carlos Drummond de Andrade e seguindo os conceitos de Andréia, não seria descabido dizer que a etiqueta é um novo sentimento do mundo. Aproveite, portanto, para lapidar o seu.

José Ruy Gandra, jornalista, historiador e biógrafo.

Introdução

É importante relatar que nasci em uma família simples, filha de um retirante pernambucano e neta de imigrantes espanhóis. Durante a infância, meu mundo se resumia ao que podia ver da janela no caminho que ia da minha casa, na zona norte da capital paulista, ao cinturão verde onde imigrantes japoneses cultivam flores e verduras. Era dali que meu pai tirava o sustento da família. A presença das flores em minha vida foi muito intensa desde o princípio: minha casa sempre cheia de flores que preenchiam meu imaginário com perfumes, cores e belezas diversas. Meu encantamento por esse universo de harmonia e beleza foi naturalmente fazendo parte da minha formação como pessoa. Dos sítios nós saíamos carregados de flores que eram distribuídas pelas floriculturas do centro de São Paulo. Eu, ainda tão menina, não sabia, mas naquele convívio entre imigrantes tão diversos, uma história de amor improvável talvez tenha sido semeada.

Foi em 1989, aos 17 anos, que aquela sementinha plantada em minha infância começou a germinar. Durante as aulas de biologia do cursinho pré-vestibular, eu não sabia, mas aquele professor tão jovem – apenas 22 anos, estudante de Medicina na USP – tinha os olhos "puxadinhos" só para mim. Rui era o seu nome. A simpatia mútua, as conversas entusiasmadas pós-aula, a sintonia e a atração foram o início do que se tornaria minha história de amor e de vida. Durante um ano ele me seguiu de longe, esperando, segundo ele, eu desabrochar. Coincidentemente, minha única irmã caçula, Adriana Dias S. Morita, também se relacionou e se casou com um rapaz de descendência japonesa e hoje mora no Japão com seu marido e com meu sobrinho.

Após esse ano distantes, ele já estava se formando e começava a residência médica no Instituto da Criança do Hospital das Clínicas de SP – porque tinha escolhido a pediatria como carreira – e eu, ainda tímida, cursava Comunicação Social e Publicidade e Propaganda. Foi quando nos reencontramos, ou melhor, ele me encontrou.

No dia 15 de janeiro de 1991, ele teve coragem e decidiu me procurar em meu trabalho na época. Aproveitando uma tempestade de verão, me ofereceu uma carona. Só não contava que uma enchente nos manteria presos no carro por um longo tempo. Do rádio ouvíamos notícias nada boas: a Guerra do Golfo havia começado e o comentarista já especulava que o mundo estava à beira da terceira guerra mundial. Que nada! Ali estava nascendo uma grande história de amor. Já apaixonados, olhando a tempestade cair, nós naquele momento já sabíamos que seria o primeiro dia do restante de nossas vidas. E assim foi.

Mas não pense que foi um mar de rosas não! Meu pai pernambucano era muito rígido, extremamente controlador, conservador, possessivo e machista. Já do outro lado, na família dele não havia ninguém que não fosse de origem japonesa e eu era, portanto, quem não seria bem aceita. O único jeito foi namorarmos escondido, antes do pedido que seria feito cinco anos depois. Nossa união foi sem pompa; apenas a oficializamos em cartório, onde enfim nossos pais se conheceram e iniciamos nossa jornada de lutas e vitórias.

Ele esteve presente em todos os momentos decisivos da minha vida: na escolha da minha profissão, no meu primeiro estágio, nos inúmeros desafios pessoais, nas decisões da minha carreira acadêmica e profissional, no nascimento e primeiros passos de nossa filha e também no meu dia a dia. Para nós não havia obstáculos ou barreiras, pois sabíamos que onde existe lealdade, respeito e amorosidade, existe amor. Ele consentiu que eu voasse sozinha, sempre estimulando meu desenvolvimento e minha liberdade. Eu, com mochila nas costas, descobri muitos lugares e outras culturas. Por meio de livros e estudos, pude desvendar novos horizontes – e depois, juntos, viajamos pelo mundo, conhecendo toda a diversidade desse mundo. Compartilhamos muitas paixões e respeitamos nossas muitas diferenças também. Construímos um maravilhoso repertório com conhecimentos e experiências. Vivemos sempre intensamente, como se o amanhã fosse incerto. Como se uma tempestade, de repente, pudesse levar tudo embora.

A vontade de aprender fez com que eu sempre buscasse conhecimento e aperfeiçoamento e assim concluí duas pós-graduações e um mestrado em hospitalidade, uma de minhas paixões, onde a etiqueta foi meu objeto de estudo. Sem dúvidas esse foi o despertar de um interesse muito além da teoria, pois a etiqueta acabou sendo incorporada como meu estilo de vida, no meu cotidiano, na minha forma de pensar e agir em minhas relações.

Minha vida profissional sofreu várias mudanças: de executiva da área comercial, treinamento e marketing, me tornei professora universitária e paralelamente empreendedora na área de eventos, sendo que minhas habilidades sociais sempre foram muito mais importantes em minhas vitórias do que as técnicas. Assim como minha vida profissional, eu também passei por muitas mudanças, amadureci e adaptei meu estilo e minha imagem conforme os meus interesses e objetivos.

Ser mãe foi – e é – minha maior conquista e meu maior desafio, pois além de criar um ser humano dentro dos meus princípios e valores para que seja um ser humano bom e feliz, também quero ajudar na construção de um mundo melhor e mais gentil para essa pessoa viver. E assim, ao lado do meu marido, o pai mais presente e dedicado do mundo, por 11 anos dividi essa incrível aventura que é criar um filho.

Minha história é uma prova de que a Nova Etiqueta está ao alcance de todos e que ela independe de sua origem, mas sim da sua vontade de se relacionar bem com as pessoas e de construir relações pautadas na harmonia e no bem-estar coletivo.

Sumário

Capítulo 1
Pedaços de mim

Capítulo 1
Pedaços de mim

EU. ***Substantivo masculino. 1 - A pessoa que fala, escreve, age e/ou se refere a si mesma. 2 - A maneira de ser de alguém; a qualidade particular e distintiva de uma pessoa. [Psicanálise] Segundo Freud, do mesmo significado de ego. Etimologia (origem da palavra eu). Do latim ego.***

Eu sou Andréia, paulistana "da clara", geminiana, de origem simples, mas nunca simplória. Venho de famílias dadas à luta: por um lado, o paterno, nordestinos; pelo materno, espanhóis. São dois povos corajosos que deixaram "seu lugar" para se aventurar no desconhecido e construir uma nova vida. Minha família era humilde e elevada em seus valores e princípios. Nela, a educação rígida, o amor, a moral e a ética sempre foram muito salientes. Não sou de família "quatrocentona" nem tenho qualquer ascendência aristocrática ou burguesa. Mesmo assim, sempre me interessei pela elegância e pelo mundo lúdico da nobreza e realeza que conheci pela literatura, biografias e livros de História, além de ser uma cinéfila que adora obras épicas e clássicos.

Nasci literalmente em meio à beleza, pois meu pai era distribuidor de flores para as floriculturas e bancas da cidade de São Paulo. Cresci, portanto, em uma casa sempre cheia de cores, fragrâncias e toda a simbologia floral. É provável que isso tenha despertado, já na infância, o meu encantamento pela beleza e meu senso estético. Eu me identifico com a definição do filósofo genovês Leon Battista Alberti: "A arte é a harmonia e a concordância de todas as partes arranjadas de tal forma que nenhuma possa ser adicionada, subtraída ou alterada, exceto para pior". Foi assim que desenvolvi o meu senso estético e apreço pela delicadeza da natureza. Ironicamente, fui uma criança extremamente tímida, mas muito curiosa, que descobriu na palavra escrita e na arte uma oportunidade para se libertar do casulo da adolescência e se transformar em uma pessoa comunicativa. Sempre tive no conhecimento e na independência as minhas bússolas. Outra palavra que me representa é o entusiasmo. Adoro seu significado e mais ainda a sua prática. Como qualquer pessoa, tenho meu próprio repertório em movimento. É uma miscelânea dos lugares que visitei, dos livros que li, das pessoas que conheci. Sou fruto do amor que um dia senti, de minhas próprias alegrias e tristezas, das conquistas que alcancei e das derrotas que sofri. Como muita gente, ando perplexa com o mundo atual. De tão novo, ele é outro. Minha missão neste livro é exatamente ajudar as pessoas a compreendê--lo, para que nele possam viver e se relacionar de modo que lhes faça mais felizes e plenas.

MU-LHER. ***Substantivo feminino. 1 - Aquela pessoa cujas características biológicas definem o ser feminino. 2 - Aquela que atingiu a puberdade; moça, mocinha, que deixou de ser virgem. 3 - Companheira do marido; esposa.***

Mulher, graças a Deus! Adoro ser mulher, com minhas forças e fragilidades. Há pouco tempo, descobri que eu fui considerada uma mulher rebelde pela minha família – talvez pelo fato de ser uma das primeiras a ter formação superior, por viajar sozinha ainda muito jovem e solteira, por não me casar tradicionalmente, por não ser mãe em idade normal e por não ter uma trajetória convencional.

Talvez eu não fosse rebelde, mas uma mulher que não se conformava. Hoje as mulheres da minha família, assim como tantas outras, têm formação universitária, possuem independência profissional e se casam ou têm filhos, quando e se quiserem, sem causar espanto. Lembrando que a educação até o início do século 19 era praticamente a mesma do período colonial: ministrada pelas ordens religiosas e destinadas à catequese e à formação da elite branca e masculina. Mulheres brancas, negras, indígenas, ricas ou pobres, de qualquer faixa etária, eram proibidas de estudar pelos padrões morais da época. Minha mãe, nascida na década de 50, não teve a oportunidade de realizar seu sonho de ser professora. Por isso mesmo, hoje eu luto para que minha filha possa ser o que ela quiser.

Sim, sou uma mulher feminista ao exigir meus direitos, mas sem deixar de ser extremamente feminina. Confesso até que adoro meus privilégios ligados ao gênero. A história do comportamento e evolução do papel da mulher na sociedade sempre me fascinaram. Acredito que seu conhecimento seja de grande importância para compreender e contextualizar todas as nossas lutas e vitórias e assim poder promover novas conquistas. Sou uma mulher realizada em vários aspectos da minha vida. Considero-me madura aos 50 anos e lamento apenas que me falte um dos requisitos definidos pela estilista Coco Chanel para a felicidade feminina: "Uma mulher precisa de apenas duas coisas na vida: um vestido preto e um homem que a ame". Pois bem! Por 30 anos eu fui a mulher mais amada e valorizada do mundo por um verdadeiro *gentleman*, meu marido Rui Koji. Conheci e recebi todos os galanteios e cortejos que uma mulher merece ter. Por isso valorizo tanto a importância de gestos corteses, zelosos e carinhosos. A gentileza e o respeito são os alicerces para qualquer relacionamento saudável, pois eles geram admiração. Infelizmente a violência de várias ordens contra a mulher ainda é uma realidade que devemos combater, denunciar e punir exemplarmente. A falta de respeito com a mulher não pode ser banalizada ou instituída como algo normal. Nós, mulheres, temos que conhecer os códigos de conduta de cavalheirismo e prestigiá-los sem o risco de perder nossa liberdade e independência. Agora estamos em um novo tempo que, se por um lado traz novos desafios, por outro nos oferece instrumentos valiosos para sua superação e para uma nova condição feminina livre de amarras e crenças limitantes. Sou uma mulher que deseja ver as mulheres em sua plenitude.

MÃE. ***Substantivo feminino. 1 - Aquela que gerou, deu à luz e criou um ou mais filhos. 2 - Aquela que, embora não tenha relação biológica com uma criança, a criou. Etimologia – A palavra mãe deriva do latim "mater", e significa mãe. Mãe é sinônimo de: madre, causa, fonte, motivo, origem, razão.***

Ser mãe foi o meu maior presente e continua sendo meu maior desafio. Eu não poderia deixar de relembrar do momento mais sublime da minha vida, aquele em que, com quase 40 anos de idade, fui agraciada pela dádiva de sentir o milagre da vida em toda sua plenitude dentro de mim. Senti o amor em sua forma mais pura e completa. Sempre que me descreviam as maravilhas da maternidade, eu sinceramente não conseguia entender a dimensão daquele sentimento. Acabei descobrindo na prática que é algo realmente impossível de explicar. Naquele momento, eu estava em plena ascensão profissional e em processo de conclusão do curso de mestrado. Mas optei sem culpa alguma por pausar todas minhas atividades e me dedicar integralmente à minha gestação. Não acredito que todas as mães possam ou queiram fazer o mesmo e nem acho que essa seja uma decisão assertiva, mas naquele momento da minha vida foi minha opção.

Desde que me tornei mãe, lembro de ter escutado muitas vezes a frase "não pause sua vida pelos filhos, pois eles um dia crescem". Era uma forma disfarçada de menosprezar a dedicação materna. Eu pausei e não me arrependo, pois foi nessa pausa que eu fortaleci meu vínculo com minha filha. Foi nela, igualmente, que construí as memórias mais importantes da infância de Aninha, minha filha. Eu pausei planos, viagens, trabalho, carreira, mestrado e vivi intensamente a maternidade, simplesmente por tê-la desejado tanto. Depois consegui retomar e concluir todos meus projetos. O mais importante foi ter descoberto que, às vezes, a pausa não é uma opção, mas sim uma necessidade. É no pausar da vida, nesse incessante viver pelo outro, em meio às dores e sacrifícios que, como mulher, me tornei mais forte. Foi com essa pausa que pude me sentir mãe. A vida, porém, me tornou uma "mãe solo", pois em 2021 enviuvei aos 49 anos, quase 12 anos após o nascimento de Aninha. Deparei-me, então, com medos, dilemas, angústias e inseguranças dessa situação – que aprendi a enfrentar alternando movimentos e pausas. Meu desafio é educar minha filha para ser uma pessoa boa para o mundo. Seu nome é Ana Harumi. Ana, que significa graça em hebraico, e Harumi, linda primavera em japonês. Ao escolhê-lo, estava certa de que Aninha era realmente uma grande graça na minha vida. Quanto à linda primavera, é uma homenagem a minha estação preferida. Como Cecília Meireles, "aprendi com as primaveras a deixar-me cortar e a voltar sempre inteira". A renovação é inerente a nós. A cada nova primavera avançamos, mesmo que minimamente. Logo, minha grande esperança é muito simples: quero para minha Ana Harumi um mundo melhor, no qual ela possa avançar e exercer suas escolhas sem limitações ou preconceitos.

A-MO-RO-SA. ***Substantivo feminino. Aquela que sente, expressa ou inspira o amor.***

O amor surgiu para mim de uma forma linda e romântica. Meu "príncipe encantado" era meu professor de biologia no cursinho pré-vestibular. Rui era o seu nome. Iniciamos um namoro proibido (de professor e aluna) que se transformou em um amor forte e uma paixão duradoura. Logo oficializamos nossa relação em respeito às nossas famílias, culturalmente tão diversas. Se isso era importante para eles, por que não? Dessa forma iniciamos nossa história, pautada por desafios de todas as ordens, e sempre baseada na lealdade, no respeito e no amor. Compartilhamos experiências e inúmeros aprendizados. Amadurecemos juntos. Tínhamos profissões diferentes e vínhamos de culturas diversas. Mas isso só enriqueceu nossa jornada e acabou despertando em ambos um grande interesse em conhecer mais sobre a grande diversidade do mundo. Viajamos juntos por mais de 30 países, sempre com um olhar de viajante e não como meros turistas, pois sempre buscamos conhecer, além do local, seu povo e sua cultura. Dividimos as paixões e respeitamos as nossas muitas diferenças. O carinho, o zelo e a gratidão sempre estiveram presentes em nossas vidas. Com o nascimento da Ana Harumi, essa relação se fortaleceu. Aprendemos juntos a sermos pais e essa foi, sem dúvida, nossa aventura mais incrível e fascinante. Nela fizemos nossas maiores descobertas e construímos nossa família.

Pai exemplar, Rui explodiu de felicidade por ter tido a oportunidade de ser pai da Ana Harumi. Desde o primeiro dia, dedicou-se de coração a ela, dando banho, trocando fraldas, cantando pra dormir, auxiliando nos primeiros passos, cuidando dela ainda bebê enquanto eu dava aulas. Mais importante, porém, é que ele transmitia à nossa filha todos os nossos princípios e valores. Fazia isso de modo lúdico, brincando, lendo, cantando para ela dormir, estudando juntos. Ele participava de todas as atividades da filha, como as reuniões escolares, eventos sociais e no escotismo. Foi sempre o maior exemplo dela. Sou tão grata por tê-lo como referência para minha filha! Minha vida era um sonho bom. Porém quando o sol brilha forte é sinal de que pode vir uma tempestade e levar tudo embora.

Infelizmente, um dia essa tempestade veio. Em 2020, em plena pandemia, enquanto o mundo se isolava e enfrentava desafios inéditos, eu enfrentava o meu próprio martírio. Rui, meu amor e companheiro de vida, adoeceu súbita e irreversivelmente. Diagnóstico: câncer de pâncreas em estágio avançado. Tive que inventar forças. Vi, então, que elas estavam em minhas raízes pernambucanas e espanholas, aliadas à sabedoria milenar dos japoneses com a qual passei a conviver. No auge do desespero, mas com esperança, invoquei a lenda do tsuru, o pássaro feito de dobraduras (origami), que representa o grou coroado. Essa ave majestosa do Japão, de penas brancas e coroa vermelha, é o símbolo da longevidade, do amor e da fidelidade: um casal de grous vive junto até que um deles morra.

Lembrei-me da lenda da menina Sadako Sazaki, vítima da bomba atômica lançada em Hiroshima que, até morrer, dobrou 964 tsurus, invocando a cura da sua leucemia. Seus colegas de classe fizeram os 36 tsurus que faltavam para que os mil tsurus pudessem acompanhá-la na sua última morada.

Inspirada por essa história, convoquei nossos muitos amigos, parentes e conhecidos para alcançar os mil tsurus que dariam ao meu amor o direito de fazer um pedido. Temos uma rede de relacionamentos muito forte e sou privilegiada por ter amigos verdadeiros, com os quais posso contar e confiar. O resultado dessa corrente foi lindo. As famílias se reuniram para fazer os tsurus. Muitos foram aprender a dobrar. Que linda manifestação de solidariedade ver uns ensinarem aos outros como fazer os origamis! Recebemos vídeos com mensagens de várias partes do mundo e, em uma única semana, Rui recebeu 3.500 tsurus. Foi esse o seu presente de último aniversário, quando completou 54 anos, em outubro de 2020. Comovido, gravou uma mensagem emocionante de agradecimento a todos.

Diz a lenda que, a cada mil tsurus dobrados, a pessoa tem direito a um pedido. Meu marido, portanto, tinha direito a três pedidos e meio. O primeiro foi para que se recuperasse da melhor forma possível. O segundo ele se reservou o direito de não revelar. O terceiro foi para que todos nós tivéssemos muito amor, muita saúde, muita paz e harmonia em nossas famílias. E o meio pedido foi para que o seu time do coração, o Palmeiras, fosse campeão da Libertadores e do Mundial. Nesse meio pedido foi atendido também pela metade. O Palmeiras realmente conquistou a Libertadores da América em 2021, mas caiu na disputa pelo Mundial.

Eu permaneci ao lado de Rui até o último instante. Ele partiu em meus braços. Em suas últimas noites na UTI, eu li para ele todas as cartas que trocamos desde 1989, mesmo sem saber se ele ainda era capaz de ouvir ou não. Aquele homem de olhos puxados, meu companheiro, meu melhor amigo e meu amor, partiu no dia 3 de janeiro de 2021. O luto foi – e ainda é – muito difícil. A casa ficou vazia, flambada por aquela ausência quase insuportável. Continuei a cuidar de minha filha pré-adolescente, de meus pais idosos e de minha querida sogra, que mora conosco há 9 anos. Mas faltava algo, um motivo, uma razão que me devolvesse à vida. Um dia, ao me ver triste, minha sábia sogra, que tem 90 anos de idade, me falou sobre o ikigai – uma filosofia japonesa. Ikigai, em japonês, significa "a razão pela qual eu acordo todos os dias". Ou, simplesmente, "a minha razão de viver".

Outra descoberta que me foi proporcionada por minha sogra foi a filosofia japonesa shinsetsu. Ainda não existe uma tradução desse termo para o português. A palavra sintetiza três virtudes em equilíbrio: a polidez, a amorosidade e o respeito. Quem pratica o shinsetsu busca sempre o bem-estar dos que estão à sua volta sem esperar nada em troca.

Essas duas descobertas foram o gatilho para a mudança, um divisor de águas em minha vida. Eu então busquei estudar, ler muito e fazer cursos sobre o assunto. Mergulhei de cabeça nesse tema e descobri que ele já fazia parte da minha vida prática, assim como a etiqueta. Dentre os novos aprendizados que o Ikigai me trouxe, destaco um, aquele que me colocou novamente no caminho da vida. Percebi que, para tornar a ser feliz, eu precisava oferecer com entusiasmo o que eu tenho de melhor, e que isso seja algo de que o mundo precisa. Foi isso o que me propus a fazer desde então. Propagar o meu conhecimento prático e teórico adquirido ao longo da vida, para que a sociedade entenda que é por meio do desenvolvimento das virtudes que se constrói um mundo melhor. É essa a base da Nova Etiqueta – colocar em movimento as nossas virtudes, como a gentileza, a cortesia, a sutileza, o respeito, entre outros, a fim de alcançar uma convivência mais harmoniosa e o bem-estar coletivo. Nessa trilha, o autoconhecimento é a pedra angular. Conhecermo-nos permite que descubramos o que realmente nos faz feliz e o como podemos contribuir para um mundo melhor. Estou convencida de que a Nova Etiqueta é também o caminho para nos adequarmos melhor a esse mundo volátil em que vivemos. Em suma: tratarei, ao longo dessas páginas, a mostrar que podemos utilizar a Nova Etiqueta a nosso favor e, ainda, contribuir para uma melhoria na vida coletiva de todos. Antes disso, porém, é necessário desmistificar as regras históricas convencionais e promover a Nova Etiqueta. Foi com esse propósito que decidi escrever este livro.

PRO-FIS-SÃO. ***Substantivo feminino. Trabalho habitual com que uma pessoa consegue os meios necessários à sua sobrevivência; emprego. Sinônimos – ofício, trabalho, emprego, ocupação, mister, arte, atividade, cargo, carreira, serviço.***

Minha profissão foi uma escolha, mas não uma escolha definitiva. Como fui uma criança introvertida e muito tímida, escolhi como horizonte profissional um desafio: graduei-me em comunicação social (publicidade e propaganda), um território no qual eu acumulava muitas travas pessoais. Logo me especializei em marketing, algo inovador naqueles tempos. Após trabalhar, ainda muito jovem, na área financeira e bancária para custear meus estudos, consegui meu primeiro estágio na Secretaria de Estado da Cultura. Nela tive o privilégio de conviver com o professor de Biblioteconomia Luís Augusto Milanesi junto ao Sistema de Bibliotecas Públicas. Com ele, participei do desenvolvimento e execução de exposições itinerantes baseadas na fabulosa série de livros *Primeiros Passos* (da finada Editora Brasiliense) e também dos projetos de digitalização das bibliotecas e de mudança nos paradigmas da biblioteconomia e do bibliotecário, tornando-os mais adaptados para a realidade digital convergente contemporânea. Talvez Milanesi nem saiba como me influenciou com seus ideais e sua ousadia para executar algo novo em prol do bem da sociedade. Esse estágio reforçou e intensificou minha paixão pelos livros, pela arte e pela cultura. Em minha estreia na área comercial, me destaquei por conseguir estabelecer relacionamentos de confiança, reciprocidade, respeito (genuíno) e, consequentemente, a fidelização de meus clientes, o que me rendeu reconhecimento e promoções. Logo me transferi para a área de supervisão e treinamento de equipes, sempre focando na interação e construção de relações e experiências positivas.

Todas as minhas conquistas profissionais sempre foram mais por conta de minhas habilidades sociais do que pelas técnicas. Ainda muito jovem, trabalhei na região Nordeste em Recife e Fortaleza, realizando treinamentos e eventos promocionais para a implantação do mercado de telefonia móvel no Brasil. Foi um período de grande aprendizado. Na área comercial, conheci muitas pessoas que ajudei e que me ajudaram a lapidar meus potenciais. Entre tantas, cito duas delas: Raquel e Raimundo Di Sciascio, por terem acreditado em mim e por me inspirarem no amor pela atitude empreendedora, me permitindo voar em busca de novos desafios. Para aprofundar meus conhecimentos, concluí duas pós-graduações: uma na área de gestão e outra em organização de eventos. Ambas despertaram o meu interesse na pesquisa da hospitalidade. Foi assim que decidi realizar o mestrado nessa área – e dei a largada na minha jornada em busca do aprofundamento no estudo das relações sociais e etiqueta.

PRO-FES-SO-RA. ***Substantivo feminino. Aquela que ensina uma disciplina, matéria ou arte, numa escola ou universidade; docente. Aquela que transmite seus conhecimentos ou saberes a outrem; mestre. Professora é sinônimo de: mestra, normalista, docente.***

Ser professora foi uma vocação descoberta em meio ao caminho, mas que se revelou meu real propósito de vida: compartilhar conhecimentos e experiências. Ao ser convidada para lecionar no Senac de São Paulo, eu não sabia que ali minha vida passaria a se alternar, numa espécie de pêndulo virtuoso, entre o ensinar e o aprender. Assim descobri uma nova vocação: ser uma propagadora de conhecimento e uma facilitadora do desenvolvimento humano, sempre por meio da reflexão. Eu me tornei uma educadora, professora, mestra, docente. No Senac pude desenvolver, elaborar e ministrar cursos na área da hospitalidade. Lecionei em outras instituições, como a FMU, Universidade Anhembi Morumbi e HOTEC. Devo muito de minha paixão pela docência ao incentivo do meu colega e amigo Carlos Garre (*in memoriam*) que partiu cedo demais. Ele sempre me dizia que o conhecimento pode trazer a inquietude, infelicidade e até sofrimento; mas que, para nós, essa busca é necessária e o sofrimento, inevitável. Aprendi com muitos colegas, como minha ainda amiga Cida Dias, que lecionar é muito mais que ensinar, é compartilhar experiências, é estimular a reflexão, é conviver com respeito, é também aprender. Sim, aprender pra mim é como o ar: preciso dele para viver. Já não me proponho a transformar as pessoas, mas sim a inspirá-las para que possam saber decidir e fazer suas próprias escolhas, pois nosso processo de aprendizado é infinito.

Decidi, então, realizar o meu mestrado em hospitalidade. Foi quando elegi a etiqueta como objeto de estudo, o que ampliou minha visão sobre sua origem, suas transformações, suas riquezas e equívocos. Minha obsessão sempre foi encontrar uma nova aplicação para a etiqueta da qual todos pudessem se beneficiar em suas relações interpessoais, algo tão necessário nesse momento de transição acelerada. Agora que entendo o real valor do professor em nossas vidas, não poderia deixar de agradecer a todos eles, que desde a minha infância tão nobremente me ensinaram a importância do conhecimento. Homenageio aqui minha primeira professora, dona Yoko, que me acolheu carinhosamente no primário, e a todos os que a seguiram, no ensino médio, faculdade, cursos e pós-graduação. Um obrigado especial aos que me influenciaram, como meu orientador no curso de pós-graduação da Fundação Getulio Vargas (FGV) Dr. Caio Luiz de Carvalho. Ele foi ministro do Esporte e Turismo e presidente da Embratur durante o governo FHC. Depois abandonou a política para se dedicar à cultura. Tornou-se, então, CEO da Enter Entertainment Experiences e diretor executivo do canal Arte 1. Durante meu mestrado destaco o papel decisivo de minha primeira orientadora, a professora Dra. Sênia Bastos, que, com sua orientação acurada, mostrou-me o caminho a ser percorrido no então desconhecido ambiente acadêmico do mestrado. Estendo essa homenagem a alguns outros docentes importantes em minha formação. À professora Dra. Marielys Siqueira Bueno, pela dádiva de seus ensinamentos, à Dra. Ada Dencker, que continua sendo alvo de minha admiração e uma das minhas maiores inspirações. Ao professor Dr. Renê Corrêa do Nascimento (*in memoriam*) pela sua constante disposição em colaborar. À professora Dra. Célia Dias, que me encanta com seus compartilhamentos gastronômicos e culturais. À professora Dra. Elizabeth Kyoko Wada por seus conhecimentos teóricos transmitidos, pela sua experiência compartilhada e por suas inesquecíveis manifestações práticas de hospitalidade. Encerro essas homenagens com um tributo especial ao meu querido orientador, professor Dr. Airton José Cavenaghi, por me auxiliar na construção da minha dissertação que se transformou no meu primeiro livro *A etiqueta corporativa e o jogo das relações sociais: a etiqueta como viés do poder*. Não queria ser indelicada por esquecer de mencionar professores que também contribuíram para minha formação. Mas, como é impossível citar todos aqui nominalmente, deixo um abraço grato e comovido a todos aqueles que me permitiram avançar em minha jornada acadêmica. Por fim, meu muitíssimo obrigado a todos os colegas professores que tive a honra de conhecer durante minha jornada como professora universitária. Alguns decididamente até hoje figuram no meu *hall* de amigos da vida. Eu não poderia esquecer de lembrar dos meus muitos e queridos alunos, que me deram a oportunidade de ensinar e aprender, cada um deles teve uma importância na minha jornada acadêmica como professora. Sou grata pelos vários reconhecimentos, mas principalmente pelo sentimento de realização e recompensa ao vê-los realizando lindos voos.

PRO-PÓ-SI-TO. ***Substantivo masculino. 1- O que se quer fazer, realizar; plano, intuito, alvo. 2- Grande vontade de realizar ou de alcançar alguma coisa; desígnio. Etimologia. A palavra propósito deriva do latim "propositum,i", que significa vontade ou intenção de realizar. Sinônimo de: plano, intuito, desígnio, finalidade, intenção, alvo, intento, vontade, efeito, escopo, fito.***

Todos achamos que nosso propósito é ser feliz. A felicidade, no entanto, não é um propósito. Ela é o caminho a ser percorrido. Eu pensei ter encontrado a felicidade e a perdi. Ao conhecer a filosofia Ikigai e passar por um processo de autoconhecimento, encontrei o meu novo propósito. Primeiro vivi a angústia da busca inútil pelo meu amor perdido em algum lugar: no céu, no ar, ao vento... Ela logo foi substituída pela certeza de que o meu amor está, sempre esteve e estará dentro de mim. Ele é uma parte de mim, de minhas lembranças, da minha história – e foi sua força e intensidade que me deram coragem para encontrar o meu novo propósito. Essa mesma coragem que, quando criança, eu acreditava não ter, pois pensava se tratar de uma espécie de ímpeto de se atirar em ações perigosas. Com o tempo descobri que, muito mais do que ter essa "coragem" para enfrentar em coisas que me despertavam sofrimento e angústia, a "minha coragem" está relacionada à ousadia de mudar de direção, de me conhecer profundamente, de enfrentar meus medos internos, obstáculos e desafios. Tudo isso para, enfim, encontrar meu ikigai. Assim, por meio do autoconhecimento (de meus princípios e valores, crenças e paradigmas, relações, cultura, formação, qualidades e limitações, habilidades, etc.), descobri que o que tenho para oferecer ao mundo é minha vocação, onde compartilho o que tenho de melhor. E meu melhor, hoje eu sei, são meus conhecimentos teóricos fundamentados e minhas experiências. Dessa forma, minha percepção de propósito ficou clara ao encontrar consonância entre o que sou, o que faço e do que o mundo precisa. Ao vislumbrar meu propósito, encontrei também sentido e satisfação naquilo que realizo, que é difundir a Nova Etiqueta como forma de desenvolvimento humano e ferramenta de lapidação para que todos possam ter conexões saudáveis e relações verdadeiras baseadas em princípios da convivência harmoniosa e respeitosa.

Mais importante ainda: quero mostrar que a Nova Etiqueta está ao alcance de todos. A Nova Etiqueta é uma série de coisas. Mas ela é, sobretudo, democrática. Não é um código reservado a poucos. Ela é uma ferramenta de desenvolvimento pessoal à disposição de qualquer pessoa – desde que se esteja buscando, além de seu próprio bem-estar, algo que também possa ser compartilhado com todos, na forma de bem comum.

Capítulo 2
Etiqueta, tempo e espaço

Capítulo 2
Etiqueta, tempo e espaço

HIS-TÓ-RIA. ***Substantivo feminino. Conjunto de conhecimentos relativos ao passado da humanidade e sua evolução, segundo o lugar, a época, o ponto de vista escolhido.***

Resumida ao seu mínimo denominador comum, a etiqueta já foi interpretada como uma espécie de "quem é quem" na História. Mas onde, afinal, essa nossa história começa? Com a própria civilização, eu diria. Mais especificamente, com a divisão social do trabalho e a criação dos diferentes papéis sociais. Não é por acaso que a palavra "etiqueta" significa "um conjunto de regras cerimoniais do convívio em sociedade" e, ao mesmo tempo, um pedacinho de papel ou pano fixado em embalagem ou produto para identificar o conteúdo ou a composição e seus cuidados de preservação. A palavra etiqueta vem da junção das palavras gregas *éthos* – que significa conduta, comportamento –, e *stikos*, que significa lugar. Ou seja: etiqueta expressa o lugar do indivíduo em seu grupo ou na hierarquia social, em uma determinada época. Ela já foi um conjunto de regras que tem por objetivo diferenciar os indivíduos entre si. Seus critérios divisórios foram o poder, o conhecimento ou as funções no próprio grupo.

Com o tempo, porém, a etiqueta passou a ser sinônimo de um código de conduta (e, geralmente, também de desigualdade) que expressava as diferenças entre grupos e subgrupos sociais. Foi por meio dela que, ao longo da História, as sociedades procuraram regular o convívio social estabelecendo regras de comportamento. E, para isso, foi preciso distribuir 'etiquetas'. A etiqueta é a percepção do outro e seu espaço. Sendo uma manifestação cultural, a etiqueta é, portanto, algo vivo: assim ela se transformou em uma nova etiqueta com uma nova abordagem para um novo tempo.

HOS-PI-TA-LI-DA-DE. ***Substantivo feminino. Ato de hospedar, acolher alguém em sua própria casa. Etimologia: Do grego hospes, que significa aquele que recebe o outro.***

A hospitalidade não tem leis escritas. Ela é muito mais um exercício individual de compartilhamento de bem-estar. É um comportamento que reflete os primeiros ímpetos civilizatórios de nossa espécie. Dizem que os homens começaram a se cumprimentar dando as mãos como forma de mostrar ao outro que elas não escondiam nenhuma arma. A hospitalidade segue pelo mesmo caminho, pois é resultado direto do relaxamento das tensões entre os humanos. Bastante reforçada pelos ensinamentos do Cristianismo, ela é uma das bases de nossa civilização. Trata-se, afinal, de estender ao outro as boas coisas que você pode oferecer. De certa forma, a hospitalidade é a arte do encontro no território do anfitrião (sua casa). É ele quem deve honrar o seu visitante e atender suas necessidades (sede, fome ou sono). Hospitalidade é acolher bem quem chega a nós ou à nossa casa. Mais que isso, porém, ela significa repartir, compartilhar com o próximo, acolhendo-o em nossos domínios (que podem ser a casa, o trabalho, a cidade ou o país) e compartilhando com ele o pouco ou muito que podemos lhe oferecer. A hospitalidade é uma das minhas paixões, já a hostilidade é um mal a ser repudiado e eliminado. A hospitalidade baseia-se em quatro pilares: receber, acolher, alimentar e entreter.

AN-FI-TRI-ÃO. ***Substantivo masculino. Aquele que recebe, acolhe e hospeda alguém em sua casa.***

É interessante saber que, na tradição grega, "Anfitrião" era o nome de um guerreiro tebano, marido da belíssima Alcmena. Certa vez, enquanto Anfitrião estava ausente na guerra, Zeus, o deus dos deuses na mitologia grega, tomou a sua forma para deitar-se com Alcmena. Enquanto isso, Hermes, o deus mensageiro, tomou a forma do escravo de Alcmena, de guarda no portão. Sabem o nome desse criado? Sósia! A etimologia nos reserva pequenas maravilhas. Uma grande confusão foi criada, pois evidentemente Anfitrião duvidou da fidelidade da esposa. No fim, tudo foi esclarecido por Zeus, e Anfitrião ficou até contente por ser marido de uma escolhida do deus. Daquela noite de amor nasceu o semideus Hércules. A partir daí, o termo "anfitrião" passou a ter o sentido de "aquele que recebe em casa".

Dentro desse processo de dar, receber e retribuir, busca-se ir além do que foi recebido, dando algo ainda melhor para o outro. Porém, essas trocas não envolvem só elementos físicos e materiais. O processo envolve também trocas espirituais, de afeto, de intimidade e de amizade. Na hospitalidade, existe o dever triplo de dar, receber e retribuir, que é a base dessa dádiva onde, muitas vezes, o hóspede pode, em outro momento, converter-se em anfitrião, e essa inversão de papéis prossegue por meio da retribuição. A hospitalidade continua sendo o ritual básico do vínculo humano, aquele que o perpetua nessa alternância de papéis. Sendo a hospitalidade um modo privilegiado de encontro interpessoal marcado pelo acolhimento em relação ao outro, acredita-se que a atitude hospitaleira aproxima as pessoas, de modo que suas práticas devem ser vivenciadas em todas as situações da vida. Quem recebe não deve praticar a hospitalidade artificial, aquela reduzida a um ritual de comércio, de gestos e cortesia falsa, mas sim a hospitalidade mais humana, baseada no acolhimento, na solidariedade e na sensibilidade que só um bom anfitrião doméstico oferece. A hospitalidade doméstica é representada pelas relações que se estabelecem na casa e no lar, podendo ser definida como a matriz e o espaço de preservação dos rituais legados pela tradição, tanto na forma de recepcionar como na de hospedar, alimentar e entreter.

O importante é receber com alegria genuína, sorrir verdadeiramente, oferecer o seu melhor em todos os aspectos: cuidar dos detalhes, oferecer acolhimento e conforto, promover o bem-estar e a fluidez em todos os momentos da visita ou hospedagem. Uma das melhores manifestações de um bom anfitrião é a gentileza, ou seja, a amabilidade, atenção, cortesia, delicadeza, educação, elegância, simpatia, cavalheirismo e polidez ao receber alguém. Ao abrir as portas para receber, existe um ato de sacrifício com um fundo ético. Esse sacrifício, que se manifesta ao abrir mão de nossa privacidade, rotina, ambientes, etc,, adquire uma expressão sublime na moral humana, sendo o ato de receber uma das formas mais essenciais da socialização. Pra mim particularmente, receber é um ato de amor.

HÓS-PE-DE. ***Substantivo masculino. Indivíduo que se acomoda ou é recebido por tempo provisório em uma casa, hospedagem ou hotel.***

A história da hospitalidade se confunde com a história do homem como ser social. A necessidade de conviver em comunidade é algo vital, por motivos como sobrevivência, segurança e status. Mas essa convivência não é tão pacífica e harmoniosa, pois sempre nos deparamos com divergências e disputas por pensamentos, opiniões, comida, poder, razão, amor ou outros motivos. Ser hóspede é uma maneira de viver sob um conjunto regido por regras, ritos e leis em relação ao ambiente do outro. Há regras implícitas na hospitalidade, desde o instante em que um hóspede chega à casa do anfitrião até o momento de sua partida. Tal cena se decompõe em uma série de cenários, incluindo, entre outros, o momento da chegada, a recepção, o ato de se acomodar, celebrar, se deitar, se banhar, a entrega dos presentes e até o momento das despedidas. Enfim: todos os momentos. Tudo integra um ritual bem estabelecido, de acordo com as fórmulas e em uma ordem predeterminada. Ao ser hóspede, a pessoa se encontra em um território estranho. Mesmo que exista uma certa intimidade entre hóspede e anfitrião, esta nunca será totalmente tranquila, pois há regras a serem seguidas para que essa relação não seja abalada e para que a estadia não se torne uma tortura, se mantendo saudável e prazerosa.

É muito importante que o hóspede tome alguns cuidados fundamentais. Ele deve respeitar a rotina da casa. Isso significa, por exemplo, acordar no mesmo horário que seus anfitriões para não atrapalhar a dinâmica da rotina do lar. O hóspede deve deixar sempre todos os cômodos limpos e arrumados ao utilizá-los, seja o banheiro após o banho ou o quarto após uma noite de sonho. É muito gentil tentar ajudar nas tarefas domésticas, como levar o cachorro pra passear, preparar um cardápio especial para os anfitriões – desde que se tenha autorização para entrar na cozinha e após aprovação destes –, colaborar com as compras, etc. Também é um gesto de gratidão levar flores para alegrar a casa. É extremamente desagradável tratar os empregados do anfitrião como se fossem seus. Não é recomendado pedir favores extras, como, por exemplo, para que preparem uma comida diferente, lavem e passem roupa ou façam um lanchinho fora de hora. Também deve-se pensar na utilização da televisão. Regra: se ela for de uso coletivo, a preferência do anfitrião deve ser respeitada. A discrição é muito importante; por conta dela, absolutamente tudo que acontecer na rotina da casa durante a estadia deve ser mantido em um sigilo ético. Sim, o anfitrião provavelmente fará de tudo para que o hóspede se sinta à vontade, mas é recomendado que o bom senso permeie toda a hospedagem. É ele, afinal, que fará com que, através da retribuição, essa cadeia de interações mais profundas se perpetue. Após esse encontro, os que ofereceram ou receberam hospitalidade não são mais os mesmos no que diz respeito às suas visões recíprocas. A hospitalidade transforma estranhos em conhecidos, inimigos em aliados, amigos em melhores amigos, forasteiros em pessoas íntimas, pessoas sem parentesco em parentes. Mas, quando não se cumprem as regras intrínsecas da hospitalidade e da etiqueta, a estadia pode acabar destruindo relações.

E-LE-GÂN-CIA. ***Substantivo feminino. Distinção das formas, nas maneiras e nos trajes.***

A palavra elegância vem do latim *eligere* e significa escolher. Portanto, a elegância pode ser interpretada como o ato de saber fazer as melhores escolhas. Depois, a palavra passou a indicar "escolhas bem-feitas ou bom gosto". A posterior expressão francesa *elegans* inicialmente indicava uma pessoa muito exigente, que escolhia muito, que não aceitava facilmente o que lhe apresentavam. Na verdade, a elegância transcende os aspectos como vestimentas, marcas, modas e padrões. Ela abrange também o comportamento e conduta pessoais por meio das posturas, gestos, palavras, educação, respeito e harmonia, elegendo o que seja mais apropriado e adequado para cada situação, local e audiência. Na elegância não cabe exibicionismo e, muito menos, ostentação. O que conta mesmo é a essência do bom gosto e do bem viver em sociedade.

Adequação é a palavra certa para entender a elegância. A pessoa elegante sempre levará em conta o bem-estar do outro, jamais causando constrangimento. Por exemplo: se eu for a uma festa informal e simples, devo ir de acordo com os outros convidados, não querendo me destacar com nada ostensivo. Já se eu for convidado a uma recepção formal, com protocolo com indicação de traje de gala, devo seguir o mesmo critério de adequação e me vestir de acordo com o evento. A elegância não tem nada de ostentação; muito pelo contrário, a simplicidade é a chave para a elegância, conforme dizia a principal referência de elegância da história, Coco Chanel, ressaltando que "não é a aparência, é a essência; não é o dinheiro, é a educação; não é a roupa, é a classe", com o que eu concordo plenamente. Hoje, uma pessoa elegante é aquela que provoca inspiração, boa impressão e admiração. A elegância sempre estará relacionada à harmonia e à beleza.

"Elegância é tudo aquilo que é belo,
seja no direito, seja no avesso."
Coco Chanel

LU-XO. ***Substantivo masculino. Maneira de viver caracterizada pelo gosto do fausto e desejo de ostentação.***

Luxo é uma daquelas palavras facílimas de serem entendidas em seu sentido, mas extremamente difíceis de serem captadas em sua dimensão apropriada. Sua própria etimologia já diz tudo. Luxo derivou da palavra romana *lux*, que quer dizer luz. Não em seu sentido literal e sim naquele de algo radiante, que provoca admiração. Nesse sentido, luxo é sempre algo que vai além do habitualmente esperado. É óbvio que, por sua própria suntuosidade, o luxo sempre foi também sinônimo de exclusividade e, por consequência, exclusão.

Sua origem se confunde com a das próprias sociedades humanas – e o luxo nos acompanha ao longo de toda a História, assumindo formas diferentes a cada época. É bem provável que homens das cavernas já disputassem, por exemplo, um local mais próximo do fogo numa noite mais fria. Pode muito bem ter sido esse o ideal de luxo na aurora da civilização. O certo é que, positiva ou negativamente, o luxo sempre existiu. Os gregos não o encaravam como algo positivo, pois achavam que seu caráter de excesso e fartura não condiziam com as virtudes que cultivavam. Os romanos não. Gostavam da coisa. Consideravam particularmente a gastronomia um luxo. Esbaldavam-se com vinhos, azeites, mel, frutas e comidas exóticas vindas dos confins do Império. A doutrina judaico-cristã, no entanto, associou o luxo e sua ostentação a uma prática condenável, algo presente até hoje em nosso inconsciente coletivo sob a forma de uma espécie de sentimento de culpa, ainda que difusa, diante da riqueza.

De todo modo, com o posterior Renascimento e o fortalecimento da nobreza, a concepção de luxo regressou à pauta social, reincorporando adjetivos como raridade, restrição, exclusividade, difícil acesso, alto custo, qualidade inquestionável, diferenciação, reconhecimento e satisfação. Eram (e, de certo modo, ainda são) essas as marcas do luxo. O que mudou de lá para cá foram os limites com que esse luxo é construído e compartilhado. São limites muito delicados. É muito tênue a linha que separa o luxo da mera e estúpida ostentação, que é quase uma necessidade pessoal de exibir a própria riqueza. Foram os ingleses quem romperam com a ideia original de luxo ligada ao refinamento excessivo, uma construção francesa, substituindo-a por outra que designa o luxo numa esfera essencialmente privada: o conforto. O luxo, portanto, é algo bastante relativo. Hoje ele não quer dizer necessariamente coisas radiantes e inacessíveis. Diante das incessantes reviravoltas do mundo atual, de sua volatilidade, há quem considere o verdadeiro luxo as coisas mais singelas. Como uma vida simples e frugal, por exemplo. Ou, noutro retrato de nossos tempos, o *home office*, que livrou tanta gente da rotina e das armadilhas da vida corporativa. O certo é que o luxo, hoje em dia, está se tornando cada vez mais uma escolha individual. Como dizia Caetano em uma de suas canções: "Cada um sabe a dor e a delícia de ser o que é".

ES-TI-LO. ***Substantivo masculino. Maneira particular e pessoal de se expressar através da escrita, da música, do modo de falar e vestir-se.***

Sugiro que pensemos primeiro no que o estilo não é. Primeiro, ele não é moda, que muda com as estações e é criada para agradar o maior número possível de pessoas e prováveis consumidores. A moda é descartável e passageira e nem tudo que está na moda é adequado para nós. Aderir à moda, portanto, é fácil. Já para construirmos nosso estilo, temos que conhecer bem a nossa personalidade, nosso corpo e nossos objetivos de imagem. Só assim poderemos fazer as melhores escolhas nesse território. Nele, o estilo é sua marca pessoal e está intimamente ligado ao seu livre-arbítrio. O estilo é construído a partir da sua identidade e reflete quem você é. Seu estilo é original porque reflete sua personalidade e não muda conforme a moda. Isso não significa, porém, que seu estilo não muda ou nunca evolui, pois todos nós adotamos vários estilos no decorrer da vida. Tanto quanto as mudanças em nossas próprias vidas. Mudamos de idade, de tipo físico, de profissão, de objetivos pessoais e profissionais. Experimentamos a maternidade, variações em nossas condições financeiras e ajustes em nossas estratégias de imagem. Mas lembre-se também de levar em consideração o olhar do outro, já que vivemos em sociedade e buscamos o equilíbrio e harmonia. Quem tem estilo usa as modas a seu favor e jamais é conduzido por elas.

HI-GI-ENE. ***Substantivo feminino. Conjunto de condições ou hábitos que conduzem ao bem-estar e à saúde; limpeza; asseio.***

Numa concessão à metáfora, poderíamos dizer que a higiene é a filha mais velha da etiqueta. Foi ela uma das principais responsáveis pelas grandes transformações na relação dos seres humanos com o seu próprio corpo. Com a higiene, de certa forma, assumimos a nossa racionalidade em nosso próprio proveito. Hoje pode parecer estranho pensar que tomar banho na Europa era considerado heresia. Séculos atrás, os europeus não costumavam se banhar. Sequer ficavam nus. Quase sempre transavam de roupa. Há indícios de que a Rainha Isabel da Espanha só tenha tomado dois banhos na vida. Se os reis e rainhas tinham um cheiro insuportável, imagine a população. A falta de banho contribuiu para o surto de doenças, como a peste bubônica, que chegou a matar um terço da população europeia. O processo de higienização na Europa começou quando, na Europa do século XVI, iniciaram-se as pesquisas na área da saúde pública, mudando as orientações médicas e estimulando uma mudança nos hábitos de higiene da época. A princípio, esse novo comportamento provocou a oposição da Igreja, que não aprovava uma relação tão íntima com o corpo e considerava hábitos como tomar banho imorais. Os médicos, então, começaram a defender a ideia de que o banho e a higiene eram parte da educação moral do homem. Nesse momento, propagou-se o hábito de cuidar do corpo como uma norma. Tal hábito foi incorporado pelas famílias, que o adotaram como um valor moral. Ou seja: um corpo disciplinado na higiene exigia adestramento, um treinamento ministrado pelos pais da infância à vida adulta. A manifestação da imagem de asseio pessoal começava a ganhar relevância e passou a ser simbolizada pela roupa branca ou roupa de baixo (íntima), peças importantes por definirem o perfil do indivíduo.

É importante lembrar que esses cuidados com a higiene tinham como objetivo não somente o asseio do corpo, mas principalmente o exibicionismo e a distinção social. É interessante saber que os europeus também devem muito do bem-estar de suas sociedades aos muçulmanos, que sempre vestiam roupas limpas e tinham bons hábitos de higiene, lavando-se ao entrar nos ambientes. Ao visitar Córdoba, que foi sede do mais importante califado muçulmano na Espanha, eu pude constatar que no século 15 já havia na cidade cerca de 300 banheiros públicos. A própria palavra *bath* (banho em inglês) é uma homenagem a um cidadão indiano, Muhammad Bath, que insistia na importância do hábito. *Bathroom*, portanto, era "o cômodo do Bath" – e assim ficou na língua inglesa. Aqui no Brasil devemos esse hábito saudável principalmente aos índios. Hoje, curiosamente, o brasileiro é um dos povos que mais toma banhos em todo o mundo.

Ainda hoje, para muitos europeus, banhos diários são sinônimos de obsessão com higiene – e os brasileiros, malucos.

BE-LE-ZA. ***Substantivo feminino. Propriedade do que é belo; formosura; característica do que apresenta perfeição de formas, harmonia; o que desperta admiração e consideração.***

É importante esclarecer que, embora possam parecer sinônimos, há uma diferença primordial entre beleza e estética. A beleza é o que desperta admiração ou consideração, e isso não está limitado a valores físicos. Pode-se admirar alguém por seu caráter. Já a palavra estética vem do grego – e significava compreensão pelos sentidos. É comum, portanto, que a palavra beleza seja empregada quando o que se quer discorrer sobre o padrão estético que predominou em determinado tempo e lugar.

É inevitável recorrer aos registros arqueológicos e históricos se o que se pretende é construir uma bela linha da evolução do padrão de beleza humana. Invariavelmente, essa linha do tempo se apoia em registros artísticos – esculturas, gravuras, pinturas, fotografias ou filmes. No Ocidente, ela se inicia com as deusas gregas da Antiguidade, o que já nos dá uma boa pista: o que vemos em magníficas esculturas expostas em museus não retrata, realmente, as formas predominantes do corpo feminino da época, e sim uma ideia inatingível do artista ou de seu mecenas. Afinal, normalmente, são reproduzidas divindades perfeitas e não mulheres e homens de carne e osso.

A influência religiosa, como vimos, está presente desde os primórdios, se acentuando na Idade Média, quando o corpo era associado ao pecado e, portanto, precisava ser escondido sob vestimentas volumosas. E que fique claro que a beleza é filha de seu tempo. Ao longo da história, a beleza já teve por ideal madonas de seios fartos para procriar e garantir o sustento da prole e guerreiros musculosos, capazes de assegurar as conquistas territoriais do reinado. Outra constatação notável: o corpo feminino sempre foi submetido a sucessivas tiranias em diferentes épocas e regiões. Sapatos de ferro para impedir o crescimento natural dos pés; colares empilhados para alongar o pescoço; espartilhos – e cirurgias – para afinar a cintura; sutiãs – e próteses de silicone – que criam seios ultra volumosos; procedimentos "estéticos" para desenhar e perpetuar sobrancelhas, dar volume aos lábios e ao bumbum ou para tentar impedir que a lei da gravidade faça cair os seios. Todos esses procedimentos fizeram muito sucesso na chegada do século 20 e a cada dia se descobre mais uma fórmula milagrosa para o rejuvenescimento e embelezamento. O Brasil é o país em que mais se realizam cirurgias plásticas. Com a evolução da comunicação – a imprensa e depois o cinema, a televisão e a Internet – a imposição dos padrões de beleza rapidamente passou a ser global. Com a evolução da comunicação (primeiro a imprensa e, depois, o rádio, cinema, a televisão e a Internet) a imposição dos padrões de beleza rapidamente passou a ser global. No início, todas as mulheres queriam ser loiras e sensuais como Marilyn Monroe ou elegantes como Grace Kelly. Nas décadas seguintes, veio a vez das mulheres magras e delicadas, como Audrey Hepburn, ou magérrimas, quase anoréxicas, como a modelo Twiggy. Houve um tempo em que todas as mulheres queriam ser magras, magérrimas, quase anoréxicas, depois "saradas". Mas isso já ficou num passado distante, quase pré-histórico.

O século 21 nos trouxe os aplicativos de celular. Agora, antes de postar uma *selfie* em uma rede social ou de relacionamento, podemos escolher o filtro que nos transformará no que queremos ser e não como somos. Podemos escolher o padrão estético momentâneo. Amanhã serão outros padrões; ano que vem, outros mais. Mas e a nossa beleza, aquela que desperta sentimentos, admiração e ternura, por onde andará?

PER-FU-ME. ***Substantivo masculino. Emanação agradável ao olfato, que se exala de certas substâncias ou coisas.***

Pode-se dizer que a história do perfume remonta à descoberta do fogo, na pré-história. Ao alimentar a fogueira com determinadas madeiras ou folhas, o homem notou o aroma agradável que algumas delas exalavam. Talvez venha daí a etimologia da palavra. No latim, *per fumum* significa "pela fumaça". É certo também que, em 8.500 a.C. o homem esfregava ervas no corpo com o intuito de atrair a caça pelo olfato. Usado inicialmente (e até hoje) em rituais religiosos na forma de incenso, o perfume passou a ser comercializado pelos sumérios, tendo os gregos como grandes compradores. A cidade de Alexandria e o Egito Antigo foram os primeiros grandes mercados a cultuar o uso das fragrâncias. Flores eram acrescentadas à gordura animal ou ao óleo vegetal, e resinas como benjoim e terebintina também eram muito usadas em sua fabricação. Na forma de pomada, o perfume era usado por sacerdotes para se comunicar com as divindades e também como remédio contra a cabeça e males ginecológicos. Ao lado de espelhos, potes de pastas cosméticas e perfumadas, como o *khol* ou *kajal*, foram encontrados nas tumbas de faraós. Cleópatra se banhava em águas perfumadas – e depois usava óleo de amêndoas amargas, canela e mirra no corpo todo.

O perfume já conferia uma certa superioridade ao seu usuário, pois era reservado à elite. O povo se contentava em usar óleo de rícino misturado com hortelã ou orégano. Os gregos de Creta logo se encantaram com a mercadoria dos egípcios e a ela acrescentaram novos materiais que importavam do Oriente Médio, especialmente o açafrão. Depois, graças às conquistas de Alexandre, o Grande, aromas da Índia foram adicionados – sândalo, noz-moscada, almíscar e âmbar, estes últimos de origem animal. Mas foram os gregos que se tornaram grandes especialistas na fabricação de perfumes líquidos. Eles foram os primeiros a usar a técnica da *enfleurage*. Maceravam flores, como a rosa e o narciso, em gordura quente. Depois de fria, a mistura era diluída em álcool e filtrada várias vezes. A gordura extrai o aroma das flores e o álcool o fixa. O resultado é uma maior concentração do perfume – técnica usada até hoje. O perfume só chegou às narinas europeias com os cruzados, por volta do século XIII. Foram eles que trouxeram novos hábitos de higiene ao Velho Continente, entre eles o de aplicar materiais perfumados sobre a pele.

O primeiro perfume europeu nasceu em 1370 – a água da rainha da Hungria, à base de álcool e alecrim. Durante a Idade Média, Veneza foi o grande *point* dos perfumes europeus. Foi ela, a ousada Catarina de Médici, quem levou para a França o perfume – pois carregou seu perfumista pessoal no enxoval de casamento com Henrique II, em 1533. É bem verdade que os boticários de Montpellier, desde o final da Idade Média, já usavam alecrim, jasmim, íris e especiarias, além de âmbar e sândalo, importados do Oriente. Foi apenas a partir do século XVI que a cidade provençal de Grassi entrou para a história do perfume da França, graças ao clima propício ao cultivo de flores. Curiosamente as flores começaram a ser cultivadas para dar fim a um drama de seus habitantes: o mau cheiro de seus curtumes, em que eram fabricadas luvas de couro. Luís XIV foi o principal garoto-propaganda do perfume francês. Aplicava-os em tudo, dos pés à peruca. Com ele, o perfume tornou-se sinônimo da riqueza e do refinamento francês. A indústria do perfume (e a do luxo) prosperou bastante e muito rapidamente, mesmo vista com maus olhos pela Revolução Francesa. O perfume voltou com força à Paris higienista de Haussmann, no século XIX. Agora com produtos sintéticos adicionados à fórmula, os perfumes passaram a ser fabricados e exportados em escala industrial. Hoje a perfumaria é quase um sinônimo da própria França, uma das coisas mais comumente associadas ao país. Mas muita água passou por baixo da Pont Neuf (a mais antiga das pontes que cruzam o rio Sena, em Paris) antes que Coco Chanel lançasse seu famoso N. 5, numa estratégia de marketing que permitiu aos não tão ricos adquirir os seus produtos. Era um vidro de perfume caro, mas não tanto quanto um vestido de alta costura, exclusivo e feito à mão. Hoje podemos dizer que o perfume é algo acessível, mas não popular. Existem códigos de etiqueta, pois o perfume nunca deve invadir, mas sim envolver – e para isso o perfume deve ser usado na medida certa. Se usado em equilíbrio é agradável, mas se usado em excesso, nem a melhor marca é capaz de impedir o repúdio e o mal estar.

"A mulher deve usar duas gotas onde deseja ser beijada", dizia Coco Chanel.

PA-PI-RO. ***Substantivo masculino. Folha para escrever ou pintar feita de tiras da erva aquática Cyperus Papyrus, de origem africana. Criado pelos egípcios, foi o principal suporte da escrita na Antiguidade.***

A preocupação quanto a colocar ordem nas relações humanas é muito antiga. É possível que isso já passasse pela cabeça de alguém desde que o homem começou a escrever em tabuletas de pedra ou argila, seis mil anos atrás. Mas certeza mesmo só podemos ter a partir de registros preservados com o uso do papiro pelos egípcios. Essa prática começou por volta de 3000 a.C. Há um livro na Biblioteca Nacional de Paris, um dos primeiros registros de instruções sobre as relações sociais: trata-se de uma obra literária atribuída a Ptaotepe, um vizir do faraó Djedecaré Issessi, da Quinta Dinastia (2414-2375 a.C.). Vizir era uma espécie de primeiro-ministro do faraó. O livro, escrito sobre papiro, chamava-se *As máximas de Ptaotepe.* Na introdução, o autor explica que sua intenção é a de transmitir ao filho as sabedorias dos seus antepassados, que as ouviram dos deuses. Tais conhecimentos vão desde como se comportar à mesa, dicas para o marido preservar a beleza da esposa e ainda como debater com um igual, com um inferior e com um superior. Em suma: um manual de instruções para viver em sociedade. Um pequeno exemplo:

As maneiras à mesa

Se és um hóspede
Na mesa de alguém mais importante que tu,
Aceita aquilo que ele permitiu
que seja colocado diante do teu nariz;
não olhes para o que está diante dele,
deves olhar para o que está diante de ti

Bem depois, surgiram algumas publicações renascentistas nas quais eram transmitidas as tradições referentes às regras de convivência entre a nobreza. Entre essas publicações, destacam-se as obras *O cortesão,* de 1528, de Castiglione Baldassare, e *A civilidade pueril,* de Erasmo de Rotterdam, publicado em 1530, que propagavam a educação de príncipes. Esses livros eram destinados à aristocracia, mas despertaram o interesse dos aspirantes a nobres e cortesãos. Os livros de civilidade foram os responsáveis pela veiculação de condutas civilizadas para a corte, depois para a burguesia e mais tarde para todos, instituindo um padrão que foi transmitido para os próximos séculos, adaptando-se de acordo com o local e o tempo a que pertencia. É interessante observar que uma das primeiras publicações que tratava do comportamento social foi um periódico feminino surgido na Inglaterra em 1693 – *Lady's Mercury.* Já na França, a primeira publicação desse gênero ocorreu em 1758 sob o título *Courrier de La Nouveauté,* com grande expressão social na época. Essas primeiras publicações femininas francesas apresentavam caráter revolucionário e só mais tarde passaram a abordar assuntos como moda, beleza, culinária, etc. Essa mudança transforma a mulher em uma espécie de mito.

TA-LHER. ***Substantivo masculino. Conjunto de garfo, faca e colher usado especialmente durante as refeições.***

Se hoje usamos talheres com desenvoltura, ainda que tenhamos certas dúvidas sobre a ordem exata deles num banquete, é preciso lembrar que, para chegarmos a esse grau de civilidade, foram necessários alguns milênios de História. Veja só.

A faca, como se sabe, foi o primeiro instrumento criado pelo *Homo erectus*. De pedra, era usada apenas para caçar e se defender. O material e o uso evoluíram com o tempo – passou a ser forjada em bronze, depois ferro, e, além de servir para matar, passou a ser usada também para descascar frutas e cortar carne. Levou um tempo enorme até chegar às mesas.

A colher, por sua vez, feita originalmente de ossos ou chifres, foi encontrada em escavações na Mesopotâmia e em tumbas egípcias. Parece ter sido o primeiro talher de uso mais popular. Ela era usada para servir líquidos e regar os alimentos. Para grelhar carnes, o homem asiático usava o hashi, uma espécie de talher feito de bambu, já no ano 2500 a. C. Os orientais só passaram a usá-lo para comer em torno de 1500 a.C.

O garfo é outra história. Até o século 11, o homem ocidental comia com as mãos. O alimento era uma dádiva divina, e não tocá-lo era considerada uma ofensa ao criador. Quem quebrou essa regra foi a princesa bizantina Teodora Ducaina, esposa do doge veneziano Domenico Selvo. Ela pediu que fabricassem um instrumento que lhe possibilitasse levar a comida à boca sem sujar as mãos. O talher, de ouro, tinha duas pontas que serviam para espetar a comida. O cardeal beneditino San Pedro Damián não gostou da novidade. Achou que aquilo tinha aparência demoníaca, pois lembrava um tridente. Como Teodora morreu pouco tempo após sua criação, o garfo caiu em desgraça, demonizado pela Igreja Católica.

A moda de usar talheres à mesa só pegou mesmo na Europa no século 17. Na França, a novidade chegou no baú do enxoval de Catarina de Médici, uma florentina que, entre inúmeras coisas importantes, ensinou os franceses a lavar as mãos antes das refeições. Inclusive, se muitos acreditam que o pai da etiqueta seja Luís XIV, sem dúvida a mãe seria então Catarina de Médici, porque além de elevar a cozinha francesa à uma categoria que detém até hoje, ela estabeleceu todos os rituais e regras de como se comportar à mesa. *Merci!*

ME-SA. ***Substantivo feminino. Móvel formado por uma superfície horizontal e um ou mais pés que o sustêm, e que é usado para fazer refeições, escrever, jogar, executar ou preparar um grande número de trabalhos mecânicos e artísticos.***

Nem sempre a refeição foi um evento social. Na Antiguidade, comia-se sozinho ou no núcleo familiar. O programa era "matar a fome". Na Idade Média, as refeições da realeza eram servidas nos grandes salões dos castelos e a mesa do senhor feudal ficava em destaque. Era a mais alta, armada sobre um tablado. Tanto os convidados quanto os servos comiam sentados em qualquer canto, em pranchas dispostas sobre cavaletes, facilmente desmontadas para abrir espaço para o baile – este sim o programa principal. A mesa fixa de jantar, com cadeiras para os convidados, surgiu apenas no século 16. Duzentos anos mais tarde, a sala de jantar já figurava nos croquis de arquitetura das casas. A comensalidade (comer com o outro na mesma mesa) tornou-se um ritual de sociabilidade, uma ideia civilizatória. O conceito de *civilité*, expressado pela adoção de padrões à mesa, como o uso de talheres em vez das mãos, denota um refinamento dos hábitos. Passa-se a comer não apenas por fome, mas para desfrutar de uma atividade social.

Quando a nobreza recebia convidados para um banquete, todos os detalhes comunicavam prestígio, status, poder, ainda que boas maneiras não fossem garantia de ética ou civilidade. Esse movimento foi acompanhado de um inventário de regras de etiqueta à mesa: a disposição hierárquica dos convidados e dos utensílios, o modo de preparo da comida, como ela era servida e até mesmo provada antes, para evitar que fosse envenenada. O formato e tamanho da mesa também dizem muita coisa. A famosa lenda da távola redonda do rei Arthur é uma excelente evidência. Com os cavaleiros (inclusive o rei) dispostos em posições iguais e equidistantes, era impossível que os membros se atacassem uns aos outros. Dando sequência a esse simbolismo, até hoje decisões importantes são tomadas em mesas redondas, mesmo que o móvel utilizado não seja exatamente redondo. O importante é que todos os que participem da discussão estejam e sintam-se em pé de igualdade.

TEM-PO. ***Substantivo masculino. Período de momentos, de horas, de dias, de semanas, de meses, anos, etc., no qual os eventos se sucedem, permitindo a noção de presente, passado e futuro.***

A preocupação com a passagem do tempo é bem antiga. Nasceu na Mesopotâmia, com a construção de um relógio de sol pelos babilônios, que viveram entre 1950 e 539 a.C. Como usavam um sistema numérico duodecimal e sexagesimal, dividiram o dia – e também a noite – em 12 partes, ou horas, e cada hora em 60 partes, ou minutos. A divisão do minuto em 60 segundos se deu muitos séculos depois. A ampulheta foi outra tentativa de se medir a passagem do tempo. O relógio mecânico passou a funcionar somente no século 14 e atrasou 15 minutos por dia, o que dá um dia de atraso a cada três meses. O relógio de pêndulo, maravilha tecnológica do século 17, reduziu esse atraso para um minuto por semana. A Grã-Bretanha foi o primeiro país a adotar um horário nacional em 1830. Antes disso, cada rua e cada bairro tinha seu horário local. Os relógios eram acertados ao meio-dia, quando o sol atinge seu zênite. A informação da passagem do tempo ao povo cabia inicialmente à Igreja, que badalava seus sinos a cada hora.

O sino mais famoso certamente é o Big Ben, que relembra permanentemente aos londrinos a característica "pontualidade britânica" desde 1858. Pesando 14 toneladas, o sino está localizado a 106 metros de altura, no topo da torre de quatro faces construída em estilo gótico junto ao Palácio de Westminster (sede do Parlamento). Cada face da torre exibe um relógio de sete metros de diâmetro, que permaneceram pontuais mesmo durante a Segunda Guerra Mundial. O único atraso famoso se deu na passagem do ano de 1962, quando os londrinos se deram conta de que, por uma falha, o famoso relógio lhes roubou 10 minutos do ano novo. Atualmente, Londres conta com uns 400 relógios públicos, todos acertados pelo relógio que está no Observatório Real de Greenwich, na região sul da cidade – e que garante ao mundo inteiro o rigor do horário, sem atrasos.

MO-DOS. ***Plural de modo. O mesmo que: regras, condutas, arranjos, disposições, estratégias, feitios ou hábitos.***

Por volta do século 13, com o declínio do feudalismo na Europa Ocidental, canções e manuais de diversas naturezas começam a tratar de uma preocupação da nobreza: refinar seus costumes e seus modos à mesa. Tannhäuser, nobre e poeta alemão, foi o primeiro a navegar incipientemente pelo tema. Seus ensinamentos figuram no Minnesäng, um gênero literário predominantemente alemão que registrou, em latim, as reflexões literárias entre os séculos 12 e 16. Veja o que dizia Tannhäuser sobre as boas maneiras corteses:

"Um homem refinado não deve arrotar na colher quando acompanhado. É assim que se comportam pessoas na corte que praticam má conduta. Não é polido beber no prato, embora alguns que aprovam esse grosseiro hábito insolentemente levantem o prato e o sorvam como se fossem loucos. Bufar como um salmão, comer voraz e ruidosamente como um texugo e queixar-se enquanto come – eis três coisas inteiramente indecorosas".

Em 1530, o filósofo Erasmo de Roterdã lançou o seu livro *De civilitate morum puerilium*, (manual de civilidade para crianças), listando seus conselhos. Era preciso abandonar os maus modos dos camponeses e dos vendedores de peixe, como palitar os dentes com a faca, afrouxar o cinto sentando-se à mesa, assoar o nariz com a mão durante as refeições ou ainda devolver à travessa os restos do que comeu.

"Devemos recolher as sujeiras do nariz num lenço, afastando-nos por um momento se estivermos com pessoas superiores a nós."

Gradativamente, algumas ações até então aceitas como naturais – cuspir, se coçar, bocejar, soltar pum – passam a se tornar indelicadas e socialmente reprováveis.

DU-QUE. ***Substantivo masculino. Título nobiliárquico hereditário, normalmente concedido aos filhos dos reis ou a alguém que os monarcas queiram muito recompensar. Do latim duce, que significa chefe.***

No Ocidente, a história da etiqueta nasceu intimamente associada ao poder. O tema me pareceu tão interessante que o abordei em meu primeiro livro, *A etiqueta corporativa e o jogo das relações sociais: a etiqueta como viés do poder*. Alguns autores, como Renato Janine Ribeiro, atribuem aos duques de Borgonha, por volta de 1400 d.C., a formulação das primeiras regras claras de etiqueta de que se tem conhecimento. O grande sonho de qualquer duque era se tornar rei, pois o monarca, reconhecido pela Igreja Católica, era considerado de origem divina. À época, o Imperador Romano-Germânico era o único que tinha o poder de coroar alguém. Para viabilizar seu projeto de poder, os duques de Borgonha criaram um requintado cerimonial para a sua própria veneração, que se dizia inspirado na Bíblia. Os borgonheses queriam ser tratados como deuses. Ao término das refeições na corte, por exemplo, os serviçais tinham de desfilar diante do duque, e os que mereciam maior destaque eram os que serviam pão e vinho, numa óbvia referência à última ceia de Jesus. O ritual torna evidente como, em sua origem moderna, a etiqueta foi um importante instrumento de diferenciação (ou segregação) entre os homens, legitimando assim o poder da nobreza, cuja origem era tida como divina.

PÚR-PU-RA. ***Substantivo feminino. Cor frequentemente associada à realeza, poder, magia, mistério e piedade.***

Entre tantos outros traços nas mais diferentes áreas, foram os romanos que legaram à História a mitologia em torno da cor púrpura – embora a própria Bíblia já a houvesse mencionado em algumas passagens. Apenas os imperadores romanos podiam desfilar com seus mantos tingidos dessa cor, que varia do roxo ao violeta e tem o azul (ciano) e o vermelho (magenta) como base. Só eles. Mesmo os senadores tinham de se contentar com uma discreta tarja púrpura tingida em suas togas brancas. Foi o imperador Nero que, no século 1, institucionalizou essa prática com um decreto. O costume pegou. Tamanha exclusividade se explica: a púrpura era caríssima. Extraída da glândula de uma espécie de um crustáceo minúsculo do Mediterrâneo, um caramujo já conhecido pelos fenícios, eram necessárias nada menos que 100 mil unidades do bichinho para fabricar um único grama de púrpura. Mais tarde, Carlos Magno e os imperadores do Sacro Império Romano também usaram a púrpura imperial, enquanto os monarcas europeus optaram por um tom mais azulado, o da púrpura real. A exclusividade da cor, então, seguiu em frente. Uma lei inglesa de 1533 reservava o uso da púrpura e dos tecidos em ouro à família real. A arrogância aristocrática foi mais longe. Sob sua mentalidade excludente, apenas os *gentlemen* que ganhassem ao menos vinte libras anuais é que podiam usar roupas de seda. E mais! Quem não ganhasse mais do que duas libras ao ano era proibido de usar chapéus e camisas importadas. A etiqueta tem dessas. Tanto acolhe quanto exclui. Tudo depende de como e quando.

ROU-PA. ***Substantivo feminino. 1- Peça ou conjunto de peças de vestir; traje. 2- Qualquer tecido que sirva para adorno, cobertura ou proteção.***

Ao observar os aborígenes da Terra do Fogo, entre 1831 e 1836, Charles Darwin chegou à conclusão de que a roupa, ao contrário do que se poderia supor, originalmente não foi usada para proteger o corpo das intempéries nem tampouco por pudor. A roupa era um adorno. Nos registros arqueológicos, a presença da estética é visível desde a Pré-História – no drapeado dos egípcios e nas túnicas greco-romanas (curtas ou longas) usadas indistintamente por homens e mulheres. As roupas, como os costumes, foram se modificando à medida em que povos distintos passaram a ter contato uns com os outros. Havia, obviamente, diferenças. Um exemplo: os gregos, ao contrário dos semitas, não consideravam a nudez vergonhosa – homens e mulheres se exercitavam nus. Outra curiosidade: aparentemente foram os persas que criaram as calças. Que, por volta do século 6 a.C., já eram usadas indistintamente por homens e mulheres do reino de Dario e Xerxes. Na Idade Média, o uso da cor no vestuário ganhou um novo sentido. Ela evocava as cores dos brasões das famílias. Homens usavam longas meias coloridas – não raro, uma perna de cada cor. Por conta das dificuldades para a obtenção dos corantes, as cores eram uma exclusividade da nobreza, do clero e da aristocracia, como a púrpura e, mais tarde, o preto adotado pelo império espanhol. O Renascimento europeu abriu caminho para infindáveis novidades. Na Europa do século 18, embora restrita aos aristocratas e à nascente burguesia, a moda assumiu uma dimensão extraordinária. Perucas majestosas eram uma obsessão da nobreza. Braceletes e broches, idem. Sapatos coloridos com saltos adornados por pérolas eram usados por homens e mulheres. Um nobre dessa época tinha uma imagem elegante e refinada. A beleza masculina um tanto efeminada era o ideal de uma aristocracia que simplesmente achava trabalhar indigno. Brincos, luvas, rendas, bordados, estampas e cabelos compridos fizeram sucesso pelos séculos 15, 16, 17 e 18. Depois disso, a roupa se tornaria algo totalmente diferente.

COR-TE-SIA. ***Substantivo feminino. Educação ou cuidado especial no trato com alguém; amabilidade, delicadeza, urbanidade.***

As regras de cortesia europeias deixavam claro quem era quem. Elas enalteciam a superioridade, o poder e os bons modos dos aristocratas, excluindo os plebeus, em sua maioria camponeses incultos, tidos como rudes. Tais regras, porém, logo passaram a ser copiadas por um número crescente de súditos. Isso teve um lado positivo, pois as primeiras noções de higiene, aos poucos, se disseminaram pelo reino. Mas, com isso, passou a ser preciso mais do que títulos de nobreza, um vestuário pomposo e boas maneiras para deixar claro quem tinha prestígio. Foi então que começaram a proliferar as regras de boas maneiras, cada vez mais rebuscadas. Elas eram seguidas à risca pela nobreza, enquanto a burguesia lutava para se sobressair pelo dinheiro e pela profissão. Pode-se dizer que, como reflexo desse fenômeno, foram lançadas as sementes de dois conceitos cultuados nos dias de hoje – moda e gastronomia.

OU-SA-DIA. ***Substantivo feminino. Arrojo, atrevimento, audácia, coragem; qualidade do que é original, inovador.***

Reduto da moda e da gastronomia, a França até hoje dita ao mundo o que vestir e comer se o que se pretende é o bom gosto, o status e o refinamento. Essas duas atividades, dominadas majoritariamente por homens, tiveram como madrinha de batismo uma menina italiana. Sim, ela mesma, Catarina de Médici, a mulher mais poderosa da Europa no século 16. Catarina tinha uma imensa fortuna, pois os Médici eram banqueiros na Itália e sua mãe, uma condessa, era de uma destacada família nobre francesa. Seu casamento, aos 14 anos, arranjado com o segundo na linha sucessória do rei da França – o rei Henrique II – não foi nenhum conto de fadas. Mas deu o que falar.

O enxoval de Catarina tinha itens que eram uma verdadeira novidade: garfos, louças individuais e guardanapos. O bolo de núpcias, em camadas, foi um assombro para a época. A partir de sua chegada, a corte francesa passou a se portar formalmente à mesa e a degustar novos alimentos importados até então desconhecidos. A maioria vinha da Itália, como a alcachofra, as trufas e os cogumelos. Os banquetes nunca mais foram os mesmos, graças às novas iguarias preparadas pelos cozinheiros e confeiteiros de Catarina. Começavam pelos caldos de carne e legumes, seguidos por carnes (servidas com molhos como o bechamel) e aves agridoces, como o pato com laranja. Para arrematar, muitas frutas e doces na sobremesa, como o zabaione e os profiteroles. O mel foi substituído pelo açúcar, em receitas como o Doce da Rainha, que nada mais era do que o famoso *macaron*. Pode-se dizer, sem medo de errar, que a *pâtisserie – voilà!* –, nasceu na Itália.

E também a lingerie! Catarina escandalizou ao usar calcinhas sob as saias para cavalgar. O mesmo sucedeu com os sapatos de salto alto, que disfarçavam sua baixa estatura. Algum tempo mais tarde, Catarina foi copiada por outro baixinho famoso, que levou o uso dos saltos aos homens. Ele mesmo, Luís XIV. O uso das rendas virou febre na nobreza, e as gorjeiras (golas brancas, cortadas em semicírculo, altas na nuca) foram outras modas ditadas por Catarina.

Ela até hoje inspira cabeças mundo afora, como as dos roteiristas de cinema. Basta ver os desenhos da Disney. Se uma rainha estiver usando uma gorjeira Médici no vestido, pode apostar: ela é muito, muito má.

MO-DA. ***Substantivo feminino. Maneira ou trajes predominantes em um determinado grupo em um determinado tempo.***

O filósofo estoico romano Sêneca Já dizia: "Nós vivemos não de acordo com a razão, mas de acordo com a moda". Ou então: vivemos de acordo com os nossos desejos. A necessidade de cobrir o corpo com a pele de um animal para se proteger do frio foi, talvez, a primeira e última vez que o homem optou, racionalmente, por esta ou aquela maneira de viver e de se vestir. Em 1482, a palavra moda (*mode*, em francês) foi, pela primeira vez, empregada para significar "maneira coletiva de se vestir". Ela é derivada do latim *modus*, que significa maneira em português, *façon* em francês e *fashion*, em inglês. O primeiro fashionista, sem dúvida, foi Luís XIV. Para enfrentar a supremacia da Espanha, que por dois séculos expandia seu império pelo globo, Luís XIV apostou no luxo para virar o jogo a favor da França.

De peruca e salto alto, o Rei Sol não apenas deu emprego ao seu povo, como transformou o país no centro de consumo de artigos luxuosos e de produtos de moda: móveis, tecidos, joias e roupas. Seu Ministro das Finanças, Jean-Baptiste Colbert, teve papel fundamental nisso. Filho de um tecelão, ele tinha grande conhecimento do luxo. Foi ele quem decidiu que o Estado francês deveria deter o monopólio da produção de tecidos finos, como a seda, a renda e a tapeçaria. Nada que pudesse ser fabricado na França poderia ser importado. De 1661 a 1789, os trajes da corte francesa serviram como modelo para as demais monarquias europeias. Paris desbancou Madri. O golpe de misericórdia foi a grande sacada de marketing de Luís XIV: transformar um pavilhão de caça em ruínas a 19 quilômetros de Paris numa vitrine para o melhor da cultura e da indústria francesa. Não apenas da moda, mas também da arte, música, teatro, jardinagem, paisagem e culinária: o magnífico palácio de Versalhes. O mundo ficou literalmente pasmo.

GRA-VA-TA. ***Substantivo feminino. Acessório que consiste em uma tira de tecido usado em volta do pescoço, sob o colarinho da camisa, atada em nó ou laço na frente.***

Você, assim como eu, certamente já se perguntou quem inventou a gravata e para quê. A resposta pode estar há milênios, numa necessidade que o homem sempre teve de enrolar um pano no pescoço, seja para servir de proteção ou para simbolizar status e poder. O adereço mais antigo e semelhante à gravata que se usa hoje foi encontrado em múmias egípcias. Feito de cerâmica, jaspe ou ouro, tinha o formato de um cordão atado ao pescoço e sua função era proteger o nobre morto dos perigos da eternidade. Funcionava como um amuleto. Já os guerreiros graduados do primeiro imperador da China, Shih Huang-ti, da dinastia Qin (259 a. C. - 210 a. C.), usavam uma espécie de cachecol para indicar a sua patente. Outros que usaram um tipo de cachecol foram os oradores romanos à época do imperador Trajano (53 – 117 d.C.). Eles mantinham a garganta aquecida e garantiam a boa voz usando o *focale*. A palavra gravata vem dos mercenários croatas que lutaram na Guerra dos 30 Anos – na verdade, uma série de conflitos ocorridos na Europa, entre 1618 e 1648, que deixaram como resultado mais de oito milhões de mortos. Quando chegaram à França, os croatas chamaram a atenção pelo lenço amarrado ao pescoço, que mantinha o colarinho fechado. O dos soldados era de tecido rústico, o dos oficiais de seda ou algodão. É provável que usassem o lenço para cobrir ou estancar o sangue de ferimentos. Os croatas se autodenominavam '*hrvati*', que os franceses pronunciavam *croate*. Da união dos dois termos nasceu *cravate*, que hoje identifica um tipo específico de gravata, mais volumosa, usada por noivos que optam pela casaca ou *smoking*. Luís XIV – sempre ele! –, aos sete anos de idade, apareceu em público usando um lenço à moda dos croatas. Foi o que bastou para virar moda. Homens e mulheres passaram a usar um cordão para mantê-lo preso ao pescoço. Logo a onda chegou à Inglaterra e, no século seguinte, à América. Com o sucesso, foram criados diferentes modos de se amarrar a gravata. Eram nós complicados, que tomavam tempo e nem todos sabiam dar. Os nós (ou laços!) viraram assunto em guias de etiqueta, com direito a diagramas que ensinavam as várias opções.

OS-TEN-TA-ÇÃO. ***Substantivo feminino. Exibição ostensiva e insistente de luxo, poder ou riqueza.***

Maria Antonieta, a princesa austríaca que se tornou rainha consorte da França em 1774, é a representante mais fiel da moda de ostentação que tomou conta da Europa (e de todo o chamado Ocidente) no século XVIII. Ela exibia seu vestuário suntuoso para sublinhar o prestígio político que possuía na França e no restante do mundo. Quando achava conveniente, mandava importar tecidos da Grã-Bretanha e da Bélgica. Por isso, muitos a viam como uma traidora da indústria nacional da seda.

Durante a Revolução Francesa, o comportamento de Maria Antonieta foi decisivo para sua condenação. Ao negar-se a adotar as cores do movimento revolucionário (o azul, o branco e o vermelho – ou *bleu, blanc, rouge*), a rainha causou péssima impressão. Antonieta foi traída pelo apego ao próprio guarda-roupa. No mesmo ano de sua morte, 1793, foi decretada a liberdade no uso do vestuário – e, dali em diante, na França, ninguém mais poderia ser julgado por sua maneira de se vestir.

Após a queda e a execução de Luís XVI e Maria Antonieta, a ostentação saiu de moda. As vestimentas tornaram-se mais retas, sem armações, com tecidos mais leves e claros. A fonte de inspiração era a Antiguidade Clássica, com suas roupas mais simples, que agora poderiam ser usadas por gente do povo. Mas logo surgiu uma moda inusitada entre os ricos da nova elite: o uso de enormes colares e chapéus extravagantes. A razão: todos queriam deixar claro que seus pescoços e cabeças, ao contrário dos de Maria Antonieta, ainda permaneciam no devido lugar.

IM-PREN-SA. ***Substantivo feminino. Conjunto de publicações de periodicidade regular, de determinado lugar, gênero ou assunto.***

À medida em que, bancada pelo marido, a mulher passou a encarnar o *status* social da família, as atividades femininas relacionadas ao lar ganhavam importância social e, consequentemente, ocorria uma espécie de "feminilidade" cultural. O resultado desse fenômeno foi o surgimento da mídia impressa feminina e o aumento da produção e do consumo de produtos destinados às mulheres. A partir do século XVII, a burguesia europeia viu nos periódicos de moda a possibilidade de um acesso mais fácil às regras de etiqueta. As gravuras publicadas pela imprensa eram acessíveis às pessoas comuns, mesmo as de classes sociais mais baixas. As imagens passaram a ser acompanhadas por um texto explicativo que traduzia e justificava todas as regras da vestimenta exibida.

Relativamente poucos sabiam ler. Os periódicos femininos e de moda procuravam transmitir muito mais do que a roupa em questão. Pretendiam ser o guia das mulheres para uma série de condutas e de estilo de vida. Guardadas as devidas proporções, publicações de celebridades, bem ao estilo Caras, já circulavam nos séculos XVII e XVIII. Durante o período da Revolução Francesa, alguns jornais se dedicaram a discorrer sobre a moda, como o *Journal de la Mode et du Goût (Jornal da Moda e do Gosto)*, que circulou entre 1790 e 1793. Ele abordava diversos assuntos, como as maneiras de se vestir, ideias de decoração e até mesmo partituras das músicas que estavam em voga, sempre se fundamentando nos princípios revolucionários vigentes. Algumas de suas páginas foram dedicadas a mulheres vestidas com "traje estilo Constituição" e homens portando peças de vestuário à *la Révolution* cujas cores predominantes eram o *bleu, blanc, rouge* (azul, branco e vermelho).

RES-TAU-RAN-TE. ***Substantivo masculino. Estabelecimento comercial onde se servem refeições ao público mediante pagamento.***

Durante séculos, viajar foi uma verdadeira aventura. Raras estalagens eram os únicos estabelecimentos que vendiam refeições pelo caminho. Na Idade Média surgiram as tabernas que, além de bebidas alcoólicas (vinho e cerveja), serviam algum alimento para acompanhar. Novidade mesmo veio no século 16, em Constantinopla, que viu abrir seu primeiro café, por volta de 1550. Na Europa, a moda dos cafés só chegou no século 17. Particularmente em Paris, eles viraram ponto de encontro de intelectuais, que passavam horas discutindo suas ideias regadas a café, licor e vinho fortificado. Um deles, o Café Le Procope, aberto em 1686, funciona até hoje. O primeiro restaurante como os conhecemos hoje foi aberto após a Revolução Francesa. Um certo senhor A. Boulanger, que vendia sopas, abriu uma loja com uma placa onde se lia: *"Boulanger sert des restaurants préparés pour les dieux"* (Boulanger serve restaurantes preparados para os deuses). A palavra 'restaurantes' foi empregada por ele para adjetivar suas sopas, que prometiam restaurar as forças dos clientes. A palavra foi adotada por todos os estabelecimentos que passaram a servir alimentos e bebidas dali em diante.

Inúmeros restaurantes, cada vez mais requintados, começaram a pipocar por Paris. A Revolução Francesa permitiu que o cidadão comum tivesse o direito de abrir seu próprio negócio – e a tendência se alastrou. Os serviçais que perderam seus empregos com a queda do rei foram trabalhar como cozinheiros e garçons nesses estabelecimentos recém-inaugurados. A Grande Taverne de Londres, aberta na Rue de Richelieu, em Paris, em 1782, pelo chef Antoine Beauvilliers, inovou ao trazer a lista de pratos disponíveis em uma carta chamada *menu*. Vem daí outra expressão francesa de alcance mundial: *à la carte* (pratos do menu). Eles eram servidos em mesas individuais, em horário predeterminado. Fez tanto sucesso que até 1810 Paris já tinha mais de 500 restaurantes semelhantes. Degustar um prato fora de casa passou a ser programa de amigos e familiares, o ponto de partida de uma relação a dois ou a celebração de um bom negócio. Os restaurantes sofisticados sempre foram uma cobiçada vitrine para quem quer ver, ser visto e admirado.

PRÊT-À-POR-TER. ***Adjetivo masculino e feminino, singular e plural. Diz-se de ou roupa de boa qualidade, confeccionada em série, geralmente criada por um estilista e entregue prontamente.***

Quando a Revolução Industrial eclodiu na segunda metade do século 18, na Inglaterra, pela primeira vez a sociedade se beneficiou coletivamente do avanço civilizatório. Os itens industrializados alcançaram um contingente cada vez maior de pessoas até então excluídas do mercado. Invenções até então impensáveis, como o motor a vapor e o telégrafo, encurtaram distâncias e aumentaram a capacidade de produção. As mudanças no modo de vida das pessoas foram notáveis. A opulência aparente e a ostentação logo perderam seu significado. Bens de consumo, antes produzidos à mão, adquiriram escala e se tornaram acessíveis a muito mais gente. Os tecidos, por exemplo, ganharam um novo público. Charles Frederic Worth, um cidadão inglês que foi o costureiro oficial da Imperatriz Eugênia, inaugurou o primeiro ateliê de alta costura a funcionar na França, em 1857. Sua profissão, a de *couturier* (costureiro), influenciou a moda feminina de todo o Ocidente até meados dos anos 1960, quando se consolidou o *prêt-à-porter*. A roupa de alta costura, que era feita sob medida, exclusiva às mulheres ricas, passou a ser copiada por costureiras para atender um maior número de clientes.

Não demorou muito para que a indústria tivesse condições de produzir um número maior de peças, num ritmo maior, graças à otimização da produção industrial no pós-guerra, ao desenvolvimento da tecnologia da confecção de roupas e à resolução de problemas básicos, como a grade de tamanhos. Os ateliês de alta costura logo passaram a dar o seu aval à moda de massa, colocando sua etiqueta em peças desenhadas exclusivamente para o *prêt-à-porter*. A mulher de classe média já podia ostentar as marcas que até então eram exclusivas da classe alta. A diferenciação social agora se dá pelo poder de compra das pessoas – e é a mulher quem, geralmente, o ostenta. Como se pode constatar na obra de Honoré de Balzac, as mulheres praticamente se apropriaram da moda. É para elas que o luxo nas vestes é concebido prioritariamente. É a mulher que o exibe em público. Uma mulher de sofisticação e elegância admirável era então quase mais um acessório dos homens, para que eles pudessem salientar sua fortuna ou prestígio. Sabia-se que era ele que, como pai ou marido, bancava esses encantos com sua fortuna.

COI-SI-FI-CA-ÇÃO. ***Substantivo feminino. Ato ou ação de coisificar, tornar parecido com uma coisa; reduzir a coisa.***

Até a Revolução Industrial, o homem trabalhava para obter o seu sustento, mesmo que fosse obrigado a ceder parte da sua produção ao senhor feudal na forma de tributo ou imposto. As regras de sobrevivência eram simples e, por mais pobre que fosse, o homem não dependia essencialmente do senhor feudal para sobreviver.

Com a industrialização, as relações de poder mudaram muito: os meios de produção tornaram-se privados e se sofisticaram. Agora o trabalhador já não tem como, sozinho, prover seu sustento, pois suas necessidades para sobreviver são outras. Ele passa a vender a sua única mercadoria – a própria força de trabalho – em troca de uma moeda para, só então, obter o seu sustento. O filósofo alemão Karl Marx (1818 – 1883) foi um dos maiores estudiosos das questões relacionadas ao trabalho, ao capital e ao trabalhador. É dele o primeiro emprego do termo coisificação, a transformação da força do trabalho em coisa (ou mercadoria), um objeto que passa a ter valor monetário agregado – o dinheiro – o que possibilita a compra da sua força de trabalho.

Marx também cunhou o termo fetichismo, que emprestou do fetiche bíblico (o bezerro de ouro que o povo de Moisés, na sua ausência, resolveu moldar e adorar, como se fosse um novo deus). Foi assim que Marx exemplificou a maneira irreal como o homem passou a tratar as mercadorias, como que enfeitiçadas, atribuindo a elas um valor muito maior que o da sua utilidade real, um valor quase divino. Já para Theodor W. Adorno (1903-1969), um dos expoentes da Escola de Frankfurt, o processo de coisificação das relações sociais torna as pessoas semelhantes às máquinas, trazendo à tona toda a violência e barbárie presentes no ser humano, que haviam sido culturalmente dominadas. Um comportamento que, segundo Adorno, desemboca perigosamente no autoritarismo. Sem dúvida alguma, vivemos numa era em que ter é mais importante do que ser. Nossas atitudes pouco valem se nossas roupas e posses não decodificam ao outro quem realmente somos. O mineiro Carlos Drummond de Andrade (1902-1987), um poeta e cronista crítico de seu tempo por quem tenho profunda admiração cunhou, em 1984, o termo "coisamente" para explicar o seu estranhamento ao se reconhecer, ele também, um alienado e coisificado pela sociedade de consumo. Aqui reproduzo o trecho final:

Eu, Etiqueta

Carlos Drummond de Andrade

[...]
Onde terei jogado fora
meu gosto e capacidade de escolher,
minhas idiossincrasias tão pessoais,
tão minhas que no rosto se espelhavam,
e cada gesto, cada olhar,
cada vinco da roupa
resumia uma estética?
Hoje sou costurado, sou tecido,
sou gravado de forma universal,
saio da estamparia, não de casa,
da vitrina me tiram, recolocam,
objeto pulsante mas objeto
que se oferece como signo de outros
objetos estáticos, tarifados.
Por me ostentar assim, tão orgulhoso
de ser não eu, mas artigo industrial,
peço que meu nome retifiquem.
Já não me convém o título de homem.
Meu nome novo é coisa.
Eu sou a coisa, coisamente.

I-DEN-TI-DA-DE. ***Substantivo feminino. Conjunto de características que distinguem uma pessoa ou uma coisa e por meio das quais é possível individualizá-la.***

A chegada dos portugueses ao Brasil, em 1500, foi uma espécie de marco zero na construção da identidade brasileira. E, também, uma cena estonteante para os europeus civilizados

– mesmo que os primeiros a aportar por aqui, exceto poucos oficiais e religiosos, fossem quase todos aventureiros ignorantes. Foi essa turma que, segundo o sociólogo Gilberto Freire, chegou ao Brasil, "pisando em carnes" dos indígenas que os receberam nus pela praia. Zero etiqueta! A histórica carta de Pero Vaz de Caminha ao rei Dom Manuel é retrato do descompasso moral desse encontro. Seu relato dá mais importância à terra. Quando descreve sua gente, Caminha a reduz às características físicas e comportamentais que lhe causaram estranhamento. O que ele viu não se enquadrava nos manuais de etiqueta europeus. Aquele português católico estranhou encontrar seres desprovidos de noções como pudor, pecado e mutilação. Por isso dedicou vários parágrafos para descrever a pele vermelha, os cabelos negros, lisos e bem cortados, os adereços perfurantes usados no rosto, as pinturas na pele e a naturalidade de sua nudez. Chamou-lhe a atenção o fato de não apresentarem qualquer traço de cortesia ou hábito cristão. Não tinham vergonha da nudez, não davam a menor bola para a hierarquia, tratando igualmente o capitão e os marinheiros. Não tinham bons modos para comer à mesa. Aliás, sequer tinham mesas. Em resumo, não eram civilizados. Caminha acreditava que os índios poderiam se tornar bons cristãos e aprender os hábitos europeus caso fossem educados para tal. Acreditou na possibilidade de "domesticar" os selvagens, substituindo seus hábitos nativos pelos costumes cristãos europeus, os únicos considerados corretos.

Como a História se encarregaria de mostrar, nos séculos seguintes, essa ideia de domesticação desembocou, na prática, num gradativo genocídio das mais de mil etnias existentes no território brasileiro. O episódio deixa evidentes duas verdades. O eurocentrismo, que enxerga o Velho Mundo e seus costumes como um padrão universal e até hoje é uma herança que nos persegue. A missão evangelizadora nos novos territórios descobertos não passou de uma retórica oca. Na prática, o contato com os índios não passou de uma violência civilizatória – que se repetiu, na forma de genocídio, em todas as novas regiões recém-descobertas pelas grandes navegações.

CA-NI-BA-LIS-MO. ***Substantivo masculino. Ação ou costume de comer carne de sua própria espécie, geralmente de forma coletiva e seguindo um ritual.***

Havia olhares diversos sobre o Novo Mundo recém-descoberto. Diferentemente de Caminha, o mercenário alemão Hans Staden esteve duas vezes no Brasil. A primeira em 1548, em Pernambuco; a segunda em 1549, na Capitania de São Vicente. Ali foi contratado pelos colonos portugueses para defender o Forte de São Filipe da Bertioga dos tupinambás. Durante o conflito, Staden foi capturado e permaneceu nove meses como refém dos indígenas. Seu relato – editado depois no livro *Duas Viagens ao Brasil* (ilustrado por gravuras) – é um tanto afetado, sobretudo por sua visão religiosa. Staden tenta provar a grandeza do seu deus para os indígenas (e para o leitor), atribuindo ao Todo Poderoso o fato de ter escapado vivo para contar sua história. Staden testemunhou rituais antropofágicos e seu relato contribuiu decisivamente para a difusão, entre os europeus, do canibalismo no Novo Mundo. O Brasil ficou conhecido, à época, como A Terra dos Canibais. O canibalismo, porém, não era exatamente uma novidade. Vários mitos e relatos europeus o mencionam, desde, pelo menos, os tempos de Heródoto. Sua prática habitava o imaginário europeu como um fantasma dos primórdios das sociedades. Para Staden, a motivação dos tupinambás para a prática do canibalismo era o ódio e a vingança, principalmente para causar temor aos inimigos. Isso soou aceitável aos europeus, pois lhes conferia um argumento. Matar aqueles canibais selvagens seria divinamente justificável.

SE-MO-VEN-TE. ***Adjetivo masculino e feminino. (Jurídico) Diz-se dos bens que conseguem se mover por si mesmos, como os animais e seres humanos escravizados.***

Na verdade, hoje sabemos que tanto o olhar de Caminha quanto o de Staden estavam imbuídos de uma visão de mundo chamada eurocentrismo – um fenômeno cultural com raízes no Renascimento, e que encontrou novos e férteis horizontes nas Grandes Navegações. Como todo etnocentrismo, ele julga os outros povos e culturas segundo seus próprios valores e padrões civilizatórios. São eles o único modelo capaz de aferir se os costumes alheios são corretos e até mesmo humanos. Os povos nativos do Brasil e também os escravos africanos, pouco mais adiante, eram juridicamente considerados coisas e não seres humanos. A etiqueta europeia ainda não alcançara tanta sofisticação. Ou, para usar a expressão exata, semoventes. Como um boi, um porco ou uma galinha, indígenas capturados eram levados a Portugal e exibidos como uma mistura de aberração e curiosidade. Esse alerta é importante. Aprendemos a história do Brasil sob a ótica do colonizador, como se este fosse o lado correto da história. E ignoramos o massacre dos povos originários – em 1500 o território indígena contava com mais de 1.300 línguas e basicamente o mesmo número de indígenas aqui do que o de portugueses em Portugal, cerca de três milhões de indivíduos. Do mesmo modo, e pelos mesmos motivos, os conhecimentos, culturas e hábitos de diversos dos povos africanos que aqui chegaram escravizados foram sufocados e são, até hoje, estigmatizados. Estima-se que 4,8 milhões de africanos tenham desembarcado no Brasil, entre 1550 e 1850, trazidos à força de seu continente, de regiões onde hoje estão Angola, Benin, Congo, Costa do Marfim, Guiné, Mali e Moçambique. Reduzi-los a africanos é apagar suas origens, suas crenças, seus idiomas, sua história, cultura e identidade. Portanto, não está errado dizer que o povo brasileiro é fruto da violência imposta pela etiqueta europeia e cristã do século XVI, embasada no eurocentrismo. Para os europeus, brancos e ricos, tudo. Aos demais, o preconceito. Eis um padrão que, infelizmente, só hoje começa a ser combatido.

BEI-JA-MÃO. ***Substantivo masculino. Norma de conduta formal que consiste em beijar a mão de um soberano por respeito ou reverência.***

A vida no Brasil mudou muito sob o reinado de D. João VI. Já na sua chegada acidental a Salvador, em 1808, houve uma semana de festas, com música, dança e longas cerimônias de beija-mão. O príncipe-regente recebia seus súditos em fila – agricultores, senhores de engenho, comerciantes, padres, militares, funcionários públicos e gente do povo que, curiosa, ia vê-lo de perto e homenageá-lo. Também no Rio de Janeiro, para onde a corte logo se transferiu, D. João VI adotou esse ritual medieval diário que já tinha sido banido do cerimonial de outras monarquias europeias. Para aumentar sua popularidade, todas as noites, exceto aos domingos e feriados, ele recebia o povaréu no palácio de São Cristóvão, acompanhado por uma banda musical.

Repleto de significado simbólico, o cerimonial do beija-mão reforçava a autoridade paternal do soberano protetor da nação e reafirmava o respeito da colônia à monarquia, explicitado pela postura altamente reverencial diante do rei e pelo fascínio que aquela pompa exercia sobre a população em geral. O evento tinha suas regras rígidas: o indivíduo se aproximava de Sua Majestade, fazia uma genuflexão – tocando um dos joelhos no chão – e beijava a sua mão. Nesse instante, teria o direito de solicitar alguma mercê, algum favor. Depois se erguia, fazia nova genuflexão, se voltava para o lado direito e se retirava da sala. Foi sob o reinado de D. João VI que o Brasil conheceu as primeiras instituições culturais, como o Museu Real, o Real Horto, a Biblioteca Real, iniciando também nessa época os rituais da Casa de Bragança que se constituíam de festas, cortejos, uniformes e titulações. A elite fluminense, que socorreu o rei financeiramente, recebeu em troca os bens de prestígio: títulos de nobreza, privilégios, isenções, liberdades e franquias que lhes traziam um retorno material, como postos de administração e arrematação de impostos. Essa troca de favores (dinheiro de um lado e títulos de outro) foi tricotando a "corte brasileira", que adotava as regras cerimoniais importadas da Europa.

ES-TRAN-GEI-RIS-MO. ***Assimilação, em geral derivada de forte ascendência política e econômica, da cultura e dos costumes de uma determinada nação por outra ou por uma parcela significativa dos indivíduos desta; influência cultural estrangeira observada em uma nação.***

A partir de 1808, com a abertura dos portos brasileiros às nações amigas, tecidos e roupas femininas, chapéus, cosméticos e perfumes franceses passaram a ser oferecidos nas lojas das ruas dos Ourives e do Ouvidor, no Rio de Janeiro. A oferta de produtos e serviços (cabeleireiros, chapeleiros, modistas) era grande. Porém, segundo os cálculos do cônsul francês Maler, datados de 1816, apenas um oitavo da população urbana do Rio de Janeiro tinha acesso a eles. A difusão da moda europeia, em especial a francesa, foi adotada por nossa elite, que nela via sinais de uma "civilização dos modos". Sob forte influência francesa, a alta sociedade brasileira agora circulava nos espaços públicos, participava de festas e saraus nas residências, frequentava teatros e restaurantes. Um bom programa já não era mais sinônimo de eventos religiosos e reuniões familiares. Com tantos compromissos sociais, os cuidados com a higiene e as boas maneiras à mesa (incluindo o uso correto de copos e talheres) passaram a ser quase compulsórios. No início do século XIX, os manuais de etiqueta e civilidade começaram a ser editados no Brasil, traduzidos ou adaptados de originais franceses e ingleses. Era a eles que se recorria para buscar o refinamento dos gostos e a adequação nos trajes, com a adoção de vestimentas que respeitassem a ocasião, o horário, o estado civil e faixa etária. A adoção dessas regras de comportamento era uma maneira da boa sociedade brasileira sentir-se equiparada à elite europeia e, ao mesmo tempo, se diferenciar do restante da população: os indígenas, negros e mulatos.

E-DU-CA-ÇÃO. ***Substantivo feminino. Processo que visa o desenvolvimento físico, intelectual e moral do ser humano, através da aplicação de métodos próprios, com o intuito de assegurar-lhe a integração social e a formação da cidadania.***

Criar bons modos num país de população quase toda analfabeta foi (e até hoje é!) uma quase utopia. Somente em 1760 foi realizado o primeiro concurso para professores públicos (ou régios) no Brasil, em Recife. Até então, a educação nacional havia ficado por conta dos jesuítas, que haviam sido expulsos daqui em 1640 e de Portugal um ano antes. Entretanto, a nomeação dos novos mestres demorou e o início oficial das aulas só ocorreu em 1774, no Rio de Janeiro. Foi a primeira vez que a educação era assumida responsabilidade estatal, embora o catolicismo fosse o seu espírito. Como não havia formação específica para professor, os que tinham alguma instrução, muitas vezes padres, eram os selecionados. A etapa inicial, chamada de "estudos menores", era formada por aulas para ler, escrever, calcular e estudar humanidades (gramática latina, grego, etc.). Quem tinha condições recorria a professores particulares. A educação era uma distinção importante num país composto em sua maioria por iletrados. Em 1867, cerca de 10% da população em idade escolar estava matriculada em escolas apenas. Em 1890, no início da República, o analfabetismo ainda alcançava 67,2% da população. Importante salientar que o voto foi negado aos analfabetos, imensa parcela da população brasileira, por 104 anos – de 1881 a 1985. Só com o advento da redemocratização – a chamada Nova República – esse direito foi universalizado. A educação formal começa a mudar. O interessante é observar que a educação social de uma população está diretamente relacionada com o tipo de seu governo. Por exemplo: em países onde o governo é transparente e não corrupto, é gerada uma sociedade mais respeitosa às regras éticas. Já em sociedades corruptas, geralmente o governo é corrupto também. Basta avaliar o comportamento das pessoas no trânsito para saber que tipo de governo a população tem. Infelizmente, a mudança de uma sociedade corrupta e sem educação é algo complicado e leva muito tempo. Mas não podemos desconsiderar a educação familiar, a informal, aquela que nos ensina a importância das "palavrinhas mágicas": por favor, com licença, me desculpe e muito obrigado. Essa educação pode ser o início dessa mudança. Ser educado não é apenas saber usar corretamente os talheres: é saber principalmente tratar bem o garçom, pois quem serve deveria estar sempre no mesmo patamar de quem está sendo servido.

POM-PA. ***Substantivo feminino. Aparato solene e luxuoso, suntuosidade. Grande luxo ou esplendor. Ostentação.***

Para fazer frente às ideias republicanas que tomavam conta da América logo após a independência do Brasil, em 1822, a corte brasileira intensificou os investimentos no cerimonial da realeza. Procurou, digamos, conferir-lhe uma pompa extra. Desse modo, na proclamação de D. Pedro I como Imperador, no dia 12 de outubro, foi realizado um cerimonial religioso de origem bíblica. Regido em detalhes pelo livro I do antigo *"Pontifical Romano"*, que estabelece que, durante a cerimônia, o soberano deve ser ungido e sagrado solenemente na missa pontifical, algo que os reis portugueses há muito não faziam. Foi, digamos, uma retomada consciente dos valores mais tradicionais que enaltecem a nobreza. No período conhecido como o da Regência (entre 1831 e 1841, até que Dom Pedro II alcançasse a maioridade) o Brasil enfrentou várias revoltas de cunho republicano. A posse do jovem Pedro (aos 15 anos de idade) foi a ocasião perfeita para conferir frescor à realeza. O Rio de Janeiro viveu três dias de pompa. Conta-se que as senhoras da corte dormiram vestidas e recostadas em travesseiros, pois não havia cabeleireiros franceses suficientes para atender à súbita demanda. Um folheto de dez páginas, chamado *Disposições para a Sagração de S. M. O Imperador*, foi fartamente distribuído aos súditos. Ele continha três programas que tratavam em minúcias do cortejo, da sagração, da recepção e das regras de etiqueta para o banquete, num ritual que envolveria milhares de pessoas. Piquetes de cavalaria, marchas, carruagens, arqueiros, tiros e salvas de canhão serviriam para produzir sedução e, ao mesmo tempo, intimidação. Havia pompa e regras de etiqueta em cada passo.

CI-VI-LI-DA-DE. ***Substantivo feminino. Conjunto de formalidades adotadas pelos cidadãos entre si para demonstrar consideração e respeito mútuo; boas maneiras, urbanidade.***

A monarquia voltou, então, ao centro das atenções. A paz e a estabilidade financeira que vigoravam no reinado de D. Pedro II contribuíram para a crescente popularidade do imperador. Em suas viagens pelo Brasil, o monarca era recebido com o 'teatro da corte' e seus invariáveis rituais (procissões e beija-mãos), regras de comportamento fundamentais para o fortalecimento do poder monárquico. Os locais públicos tornaram-se palcos onde se podia exibir civilidade e ostentação. As lojas que vendiam artigos de luxo eram estabelecimentos frequentados por mulheres que queriam seguir a moda parisiense e se apresentar de maneira elegante à sociedade. Ao saírem em busca de produtos sofisticados, acabavam por transformar tais estabelecimentos em verdadeiros *points*, locais de encontro exclusivo, onde podiam ver e ser vistas na cidade, quase que exclusivamente por seus pares. Sede da corte, o Rio de Janeiro era a principal paisagem em que esse teatro social era encenado. O Rio tornou-se um polo centralizador e difusor de hábitos, costumes e, obviamente, modas para todo o país. Entre 1840 e 1860, os bailes, concertos, reuniões, saraus e festas tornaram-se indispensáveis, e a corte impôs à capital brasileira o papel de difundir os melhores hábitos de civilidade. Nesse período ocorreu também a importação de bens culturais da Europa, como as temporadas líricas. A Ópera de Paris, nessa época, era o lugar mais chique do mundo. Mas não ficava nos trópicos. A temporada de 1850, por exemplo, aberta com *I puritani*, de Bellini, teve de ser interrompida em janeiro de 1850 por conta de um surto de febre amarela que matou cerca de quatro mil pessoas. A família imperial refugiou-se em Petrópolis, em seu recém-inaugurado palácio de verão. Com ela subiram a serra todos os que podiam, fossem nobres ou burgueses, burocratas ou diplomatas. Os artistas, por sua vez, foram em busca de cidades cujo público ainda tivesse forças para ir ao teatro. Suas principais alternativas foram o Recife e Buenos Aires. Como sempre, a importância falou mais alto.

DO-NA-DE-CA-SA. ***Substantivo feminino. Mulher que não trabalha fora, cuida da casa e, na maioria das vezes, também dos filhos.***

Enquanto o Brasil vivia muita instabilidade política e o seu primeiro surto artístico inovador (ou, ao menos, nacionalista), com a Semana de Arte Moderna de 1922, do outro lado do Atlântico, a estilista Coco Chanel revolucionava a moda por completo. De origem humilde, ela sacudiu os padrões da elegância ao lançar o seu básico vestido preto (o famoso pretinho básico), cor até então usada somente para simbolizar o luto. Ela lançou o perfume mais famoso da história, o Chanel nº 5, e logo em seguida, para espanto ainda maior, lançou as calças compridas para mulheres. Quase uma heresia. Chanel foi a arquiteta de um novo tempo. Aqui é preciso abrir um parêntese para discorrer sobre o papel destinado à mulher do final do século XIX e início do XX. Ele era, então, sujeito a avanços e retrocessos. Manuais de boas maneiras estrangeiros foram traduzidos e lançados no Brasil para estabelecer costumes consagrados entre os europeus e americanos. Tinham o intuito de moldar o comportamento feminino fora do lar, e havia neles uma influência visível da dominação masculina e da formação religiosa e moral. As mulheres agora iam às compras como um novo entretenimento, para minimizar o tédio da vida doméstica e romantizar o amor em torno do casamento. A etiqueta tornou-se sua grande aliada, pois elas precisavam ter seus gestos e postura exibidos com delicadeza. Coisas como sorrir, baixar os olhos, controlar o tom de voz, aceitar as interrupções e vestir-se adequadamente, requeriam atenção constante. Ou seja, as mulheres precisavam aprender a exibir com extrema discrição o próprio corpo, sobretudo em lugares públicos.

O vestuário era fundamental. As saias obrigavam-nas a sentar de pernas fechadas e a fazer malabarismos ao abaixar para pegar algo no chão. Os saltos altos limitam seus movimentos e as bolsas mantêm suas mãos ocupadas. A mulher, então, não passava de um acessório masculino. As mulheres da elite podiam frequentar cafés e teatros, mas essa liberdade tinha seu preço: eram constantemente vigiadas pelos maridos, pais, irmãos e pela sociedade. As mais cultas e instruídas eram consideradas um perigo para o casamento e o modelo estabelecido de família. Mesmo que pudessem frequentar uma universidade, elas deveriam continuar seguindo o padrão de mulher ideal e esposa perfeita, pois sua participação no mercado de trabalho era desestimulada. A opressão se estendeu por várias décadas. Só em 1962 a mulher brasileira deixou de ser considerada juridicamente incapaz. Só então deixou de precisar da autorização do marido para trabalhar fora, abrir contas bancárias, ter o seu próprio negócio ou viajar.

CAR-CA-MA-NO. ***Substantivo masculino. Apelido pejorativo que se dá aos italianos. O Carcamano tem origem no italiano calca mano. O insulto era dedicado aos comerciantes dessa nacionalidade que, ao pesar o produto, emprestavam impulso extra à balança, pressionando-a com a mão.***

O Brasil da Proclamação da República, da economia cafeeira e do trabalho livre produziu uma nova configuração social que tinha, de um lado, os filhos da elite agrícola e, de outro, os imigrantes que enriqueceram com o comércio e o artesanato. Berço do principal produto da exportação brasileira, o café, São Paulo torna-se um polo comercial e financeiro, ligado por malha ferroviária ao porto de Santos, por onde se exporta os grãos valiosos e se importam produtos de luxo, especialmente os franceses, preferência de onze entre dez madames paulistanas. Por lá também chegavam os imigrantes italianos, não mais como trabalhadores rurais, mas como comerciantes e homens de negócios. Os italianos que não conseguiam acumular riqueza nas fazendas de café migravam para São Paulo para trabalhar na indústria e no comércio e, especialmente, no artesanato. São Paulo e Rio se modernizavam, inspiradas na transformação urbana de Paris entre 1853 e 1870. O maior e mais longevo escritório brasileiro de arquitetura – do paulista Ramos de Azevedo – começa a esparramar seus ícones pela cidade. Foram inaugurados numa rápida sequência: o Liceu de Artes e Ofícios, atualmente sede da Pinacoteca de São Paulo (em 1897); o Hospital Psiquiátrico do Juqueri, (1898); o Palácio das Indústrias, em 1911; o Theatro

Municipal, semelhante à Ópera de Paris, (1911), o Palácio dos Correios (1922) e o Mercado Municipal de São Paulo, em 1928.

Maior e mais suntuoso que o do Rio, então capital federal, o Theatro Municipal paulistano, apesar de ser um edifício público, era um palco reservado à elite. Frequentá-lo ainda era um hábito quase que exclusivamente da aristocracia agrária, que fazia fortunas com o café. Mesmo grandes nomes da Semana de 22 eram de famílias cafeicultoras, como o próprio Oswald de Andrade, Tarsila do Amaral e Anita Malfatti. Os italianos ainda eram vistos com preconceito, recebendo o jocoso apelido de carcamano (aquele que pressiona a mão nas balanças a fim de aumentar furtivamente o peso dos produtos que vendia). Seriam esses mesmos italianos que, nos anos seguintes, liderariam o processo de industrialização, através de figuras históricas como a do Conde Francisco Matarazzo, um verdadeiro magnata da indústria. Ainda em São Paulo, as ruas Direita, 15 de Novembro e São Bento concentravam lojas de produtos importados e nacionais. Dependendo de onde o freguês entrasse, poderia se saber a que classe social pertencia. A hierarquia social se evidenciava pelo consumo, especialmente dos importados. Os ricos preferiam os produtos estrangeiros, em detrimento do que a agricultura e a indústria brasileiras já produziam ou ainda não produziam de maneira expressiva. Todo tipo de produto possuía a competição dos importados: batatas, automóveis, caixas de conhaque, barris de manteiga, tecidos de lã, papel para cigarros, água-de-colônia. O nome de família e os títulos de nobreza adquiridos no passado não eram visíveis a todos – ao contrário dos palacetes que iam se erguendo nos novos bairros aristocráticos, como Santa Efigênia, o afrancesado Campos Elísios, Higienópolis e a novíssima Avenida Paulista. A avenida passa a ser um limite claro entre a fortuna dos velhos barões do café e a nova riqueza, fruto do comércio e da indústria.

O operariado e os pobres, por sua vez, ficavam restritos às áreas mais carentes da cidade, como as várzeas dos rios Tietê e Tamanduateí e os cortiços e vilas operárias da Mooca, Brás, Pari,

Ipiranga e Barra Funda. Em 1888, o Brasil tinha 68 agências bancárias e o Rio de Janeiro concentrava 80% dos depósitos, com uma agência para cada 22.573 habitantes. No restante do país, havia somente uma agência para cada 232.558 habitantes. Em janeiro de 1890, o ministro da Fazenda Rui Barbosa promove uma revolução bancária no país – o encilhamento. Encilhar, no hipismo, significa preparar o cavalo para a corrida. Rui Barbosa preparava o Brasil para a industrialização, facilitando o crédito aos investidores. Com o advento do crédito, as mercadorias importadas passaram a ser, em parte, consumidas também pelos não tão ricos, e a diferença de classes passou a ser evidenciada no consumo cultural. Será agora a cultura que diferenciará a elite dos demais brasileiros. No território da etiqueta, isso mudará tudo.

RÁ-DIO. ***Substantivo masculino. Técnica de transmissão dos sons através de ondas; atividades artísticas educativas e informativas difundidas pela radiofonia.***

Uma mudança, inicialmente enigmática, ocorria no Brasil no final da década de 1920: o rádio. Nos primeiros momentos por iniciativa de clubes, as emissoras de pequeno alcance foram se multiplicando país afora sem qualquer tipo de controle por parte do Estado. Eram anos convulsos, que se preparavam para sepultar o poder da aristocracia cafeeira. No final de 1930, o presidente Washington Luís foi deposto e Getúlio Vargas, o candidato derrotado nas eleições de março, foi empossado presidente. Tem início o poder getulista, que se estenderia por 15 anos, desembocando, a meio caminho (em 1937) na ditadura do Estado Novo. Primeiro grande fenômeno masculino do rádio, Noel Rosa gravou então seu primeiro sucesso: Com que Roupa? A letra expressa sua preocupação não apenas com o vestuário adequado para ir a um samba com a namorada, mas também com a situação do "Brasil de tanga, pobre e maltrapilho", como disse o compositor à época. Noel presenteou o brasileiro com um novo modo de pensar sobre si mesmo. Mais leve, bem-humorado, coloquial e substituindo princípios sagrados da etiqueta por um comportamento ambíguo e transgressor: a malandragem. Reparem só nos primeiros versos.

"Agora vou mudar minha conduta
Eu vou pra luta pois eu quero me aprumar
Vou tratar você com força bruta
Pra poder me reabilitar
Pois esta vida não está sopa
E eu pergunto: com que roupa?
Com que roupa que eu vou
Pro samba que você me convidou?
Com que roupa que eu vou
Pro samba que você me convidou?"

Como Goebbels, o ministro da propaganda de Hitler, Getúlio Vargas fez do rádio o seu grande veículo de mobilização e propaganda. O rádio era então uma descoberta tão revolucionária quanto a Internet veio a ser. Foi por meio dele que, em 1938, os brasileiros acompanharam pela primeira vez uma Copa do Mundo, realizada na França, na qual a Itália sagrou-se bicampeã mundial. Também pelas ondas curtas do rádio testemunharam os horrores da Segunda Grande Guerra. Ao mesmo tempo, o rádio começava a unir os diversos Brasis pelo ritmo do samba cantado por muitas vozes femininas. Programas de calouros e mais tarde as radionovelas foram sucesso de público, que era majoritariamente feminino. Programas de rádio direcionados às mulheres não tardaram. A exemplo das revistas femininas, eles tratavam basicamente de beleza, culinária, economia doméstica e regras de comportamento. Vozes femininas fizeram sucesso convencendo suas ouvintes a ser elegantes e sedutoras para arranjar e manter seus maridos. Por ironia, muitas radialistas não seguiram na carreira, interrompida justamente pelo casamento. Era a etiqueta na Era do Rádio, pela primeira vez difundindo-se quase que universalmente.

TE-LE-VI-SÃO. ***Substantivo feminino. Transmissão e recepção de imagens visuais, geradas ao vivo ou previamente gravadas, mediante sinais eletromagnéticos, por meio de ondas hertzianas ou transmissão a cabo.***

O Brasil foi o quinto país do mundo a ter televisão, depois dos EUA, Inglaterra, Holanda e França. A partir de uma antena de transmissão instalada no topo do Edifício Altino Arantes, no centro da capital paulista, foi ao ar em 18 de setembro de 1950 o primeiro programa da TV brasileira. A transmissão ao vivo dos estúdios do bairro do Sumaré levou ao ar a imagem de um índio desenhado a bico de pena e a inscrição PRF-3 – Tupi TV. Era o prefixo emprestado da Rádio Difusora, que fazia parte dos Diários Associados, conglomerado de comunicações de Assis Chateaubriand, o Chatô. Às 21 horas estreou o *Show na Taba*, um programa de música, dança e humorismo apresentado por Homero Silva. Foi assistido por não mais do que 300 aparelhos na cidade, incluindo os que Chateaubriand havia instalado em vitrines de lojas. Apenas um ano depois, porém, as transmissões de futebol, teleteatro, programas infantis, notícias e, é claro, novelas, já eram o entretenimento noturno de cerca de 120 mil famílias brasileiras – sem falar nos sabe-se lá quantos recém-surgidos "televizinhos". As cadeiras na calçada para uma boa prosa foram substituídas por vizinhos reunidos no sofá, olhos pregados na imagem cheia de chuviscos do aparelho. As crianças eram agraciadas com bolos e balas e os homens já dividiam cervejas ao assistir futebol. Era a nova etiqueta televisiva sendo construída sem que se percebesse. A exemplo das rainhas do rádio, a TV ancorou nas mulheres bonitas o seu sucesso: as garotas-propaganda. Entre um programa e outro, elas entravam ao vivo para conversar com a dona de casa sobre um produto de beleza ou eletrodoméstico que patrocinava a programação. O ideal de beleza, ainda que em preto e branco, era o adotado por elas – Hebe Camargo, Rosa Maria, Neide Alexandre, Idalina de Oliveira e Meire Nogueira, entre outras.

Isso para não falar das telenovelas, que aos pouquinhos foram alterando a moral e os costumes. O primeiro beijo na boca, encenado pela atriz Vida Alves, foi um assombro para a época. A novela, de míseros 15 capítulos, tinha o sugestivo nome *Sua Vida Me Pertence.* Foi escrita por Walter Foster, que também a dirigia e era o galã principal. É preciso lembrar que, nos anos 1950, as mulheres eram educadas para casar virgens e praticamente não havia possibilidade de viver sem o marido provedor. Não se viam com bons olhos as mulheres separadas, as então chamadas desquitadas. Muitas mulheres preferiam manter um casamento infeliz a ser apontadas como incapazes de mantê-lo. Sim, porque deslizes e traições do marido recaíam na esposa como a principal responsável – e, portanto, era de bom tom perdoá-lo. Além disso, o "pular a cerca" era aceito como da natureza do homem, incapaz de frear seus desejos e impulsos. A vida das mulheres, não só nas novelas, pertencia aos homens. Os anos 1960 trouxeram o *videotape* e os seriados americanos, além muitas outras atrações (e problemas). A censura prévia, imposta pela ditadura militar. Os festivais de música popular brasileira e a Jovem Guarda na TV Record. Xênia Bier, com seu programa *Xênia e você*, na TV Bandeirantes. Xênia lia cartas das telespectadoras que buscavam conselhos para seus problemas, quase sempre sentimentais. Ela não tinha papas na língua ao responder e foi, certamente, a primeira feminista da TV brasileira, quando o público sequer sonhava com o que isso significava. Eram muitas novidades estrondosas. O maior assombro da década foi assistir ao vivo o homem andar na lua e ouvir o astronauta americano Neil Armstrong dizer:

"Um pequeno passo para o homem, mas um grande salto para a humanidade".

A década de 1970 trouxe a primeira transmissão ao vivo da Copa do Mundo pela TV. As cores aposentaram os aparelhos em preto e branco e também estreou o primeiro programa a tratar da condição feminina – o *Palavra de Mulher*, da TV Cultura, em 1978. No ano seguinte, na TV Globo, é a vez de *Malu Mulher*, série protagonizada por Regina Duarte. A trama exibiu a saga de uma mulher que sofria agressões físicas e verbais do marido até que resolve sair de casa com a filha adolescente para conquistar sua emancipação trabalhando sendo divorciada. Foi uma verdadeira revolução. Na década de 1980, Xênia Bier foi para a TV Globo participar do programa *TV Mulher*, ao lado da jornalista Marília Gabriela, do costureiro Clodovil e da sexóloga Marta Suplicy. Os tempos eram outros, definitivamente. Etiqueta, alta costura, comportamento e sexo estavam no mesmo patamar. Todas as manhãs esses temas eram tratados sem pudor ou censura. A mulher finalmente parece resgatar sua própria vida.

IN-TER-NET. ***Rede remota internacional de ampla área geográfica que proporciona transferência de arquivos e dados, juntamente com funções de correio eletrônico para milhões de usuários ao redor do mundo; net, rede, web.***

No finalzinho da década de 1960, um projeto da agência norte-americana de pesquisa que visava conectar os computadores dos seus departamentos deu origem ao que hoje não conseguimos viver sem: a Internet. Mas, para que ela estivesse ao alcance de todos, ainda seria necessária uma jornada de quase 30 anos. No começo dos anos 1990 começaram a surgir pequenos servidores por meio dos quais se podia usar a linha telefônica para entrar na rede. Foi a partir de 1994, quando surgiram grandes servidores (como o UOL), que o relacionamento entre os brasileiros começou a mudar. Sem sair de casa, as pessoas que tinham computador podiam entrar em salas de bate-papo e conversar por escrito com outras, conhecidas ou não, com interesses semelhantes. Eram esses interesses que davam nomes às salas e, de certa maneira, estabeleciam as regras de conduta para participar da conversa. Por mais que isso fosse revolucionário, não era algo para todos. Como os computadores da época ainda eram bem caros, poucos tinham o equipamento em casa. Eu me lembro que na minha faculdade existia fila de espera para utilizar o único computador disponível na biblioteca para pesquisa. Ainda era preciso pagar pelo tempo da ligação telefônica enquanto estivesse conectado. Essa era a Internet 1.0.

A partir dos anos 2000 as coisas começaram a mudar, e com uma velocidade incrível. Com o surgimento da fibra ótica, a Internet passou a ser veloz e acessível, sem obstruir a linha telefônica. Além disso, houve uma primeira onda de popularização, com o surgimento das *lan houses* – estabelecimentos onde você podia pagar por hora pelo uso de um computador ligado à rede e usá-lo para trabalhar, estudar, jogar, bater papo. Foi uma grande revolução social, levando muita gente para o mundo digital. As empresas passaram a substituir seus anúncios nas listas telefônicas por sites. As cartas e correspondências comerciais foram rapidamente substituídas pelo e-mail. Foi preciso reaprender a se comunicar com clareza por escrito para não cometer gafes. Escrever tudo em letra maiúscula virou ofensa, pois passou a significar que você está berrando com o seu interlocutor. Muitos escritores amadores perceberam que poderiam ter seus pensamentos e criações lidos por mais gente sem ter de gastar com papel e impressão – e a onda dos blogs começou. Quem antes não tinha voz nem vez agora passou a ser notado, começando a surgir as primeiras celebridades on-line. Com tanta informação em sites, portais, blogs, fotologs na rede, os dois ou três sites de busca que guerreavam entre si foram desbancados pelo Google, que fincou a bandeirinha da Internet 2.0.

Na metade da primeira década do século 21 começaram a surgir as primeiras redes sociais. O Orkut foi uma delas – e alcançou enorme popularidade no Brasil. Foi com as redes sociais que o relacionamento humano realmente começou a mudar. A facilidade de se encontrar pessoas que pensavam o mesmo que você tornou-se possível pelas comunidades do Orkut e pelos milhares de blogs que já existiam. Tal facilidade, porém, acabou ocasionando um problema inesperado: o do ódio na Internet. Minorias com visões racistas e preconceituosas começaram a se organizar on-line. Foram descobrindo que havia mais gente que pensava da mesma forma e passaram a organizar ataques a portais, comunidades e blogs que discordassem deles. Nesta mesma época surgiu nos Estados Unidos o Facebook, num primeiro momento num nicho acadêmico, mas que rapidamente se popularizou no restante do mundo. Em 2006 surge o primeiro site de *streaming*, o YouTube. Qualquer pessoa que possuísse uma câmera digital podia publicar um vídeo para o mundo inteiro assistir. Entramos aqui na Internet 3.0.

E, se o telefone celular já havia sido uma revolução e tanto, o que dizer do que ocorreu em 2007, quando Steve Jobs (1955-2011) nos apresentou seu iPhone, o primeiro *smartphone*? Com ele era possível fazer muito mais do que meras ligações ou mandar mensagens. O aparelho era mais do que um computador de mão – servia para ouvir música, tirar fotos, escrever textos e acessar a Internet. Com o Google entrando neste mercado, ao criar o sistema Android, a popularização e o barateamento dos *smartphones* gerou uma profunda mudança nas relações pessoais e também profissionais. O mundo derrubou suas fronteiras – à exceção dos países totalitários, nos quais a Internet é controlada e as redes sociais mundiais são proibidas. É importante registrar que várias mudanças comportamentais ocorreram também fora da Internet. Hoje a Psicologia reconhece que o uso excessivo do *smartphone* é uma doença. E com o advento de mais redes sociais, como o Twitter, Instagram, Snapchat, Tik Tok, as pessoas – especialmente os jovens – começaram a dedicar boa parte do seu tempo para postar fotos, *tweets*, vídeos. O rádio e a TV, que eram meios de comunicação de mão única, agora têm retorno dos ouvintes e telespectadores em tempo real. Ambos tiveram de se reinventar para aprender a conviver com um inesperado concorrente – o serviço de *streaming*, que disponibiliza na tela do celular ou TV milhares de programas e filmes à escolha do freguês.

Conversar com pessoas distantes por vídeo também deixou de ser ficção. Hoje tudo acontece na Internet. Ela é determinante no resultado das eleições, lança modas, cria novos mercados, define o comportamento das bolsas de valores, cria e destrói celebridades e reputações. A sociedade do século XXI está conectada e dependente. A Internet 4.0 decretou: se algo já não está na Internet é porque ainda não existe. O que virá com a Internet 5.0, 6.0… ?

Capítulo 3

A academia das virtudes

Capítulo 3
A academia das virtudes

VIR-TU-DE. ***Substantivo feminino. Atributo do que está em conformidade com o correto, aceitável e esperado por um grupo ou a sociedade.***

O pensamento do filósofo grego Aristóteles (384-322 a.C.) – discípulo e crítico de Platão e preceptor de Alexandre, o Grande – deveria voltar a ser lido com renovada atenção. Especialmente sua obra *Ética a Nicômaco*, composta por 10 livros, em cujo título ele reverencia seu próprio pai (Nicômano). Aristóteles foi quem primeiro viu nas virtudes os atributos capazes de impulsionar o ser humano na busca de seu bem maior, que é a felicidade. Mas aqui irei abordar as virtudes no contexto social, aquelas que considero essenciais para que possamos estabelecer boas relações. As virtudes se desenvolvem principalmente por meio da educação e exemplos obtidos, algo que exige tempo e dedicação da família. Além disso, as virtudes também são adquiridas pelo hábito. Nós não nascemos virtuosos, mas nos transformamos em seres mais ou menos virtuosos no decorrer de nossas vidas. Nossas virtudes não surgem de forma natural e nem contra nossa natureza. Isso significa que temos que nos adaptar para nos transformar e nos aperfeiçoar por meio das virtudes inicialmente desenvolvidas pela nossa educação (que pode ser contínua) e pelos nossos hábitos.

As virtudes só são realmente adquiridas se as exercitarmos. Portanto, eu só serei gentil, amável ou paciente se exercitar a gentileza, amorosidade e paciência no meu dia a dia. Temos tanto o poder de desenvolvê-las quanto de destruí-las. Isso fica claro quando analisamos as pessoas ao nosso redor. Elas são diferentes. Algumas são mais amorosas que outras, mas isso não as torna pessoas más. Significa apenas que ela não tem a virtude da amorosidade tão desenvolvida. É necessário exercitar a amorosidade (e qualquer outra virtude que se mostra deficitária em nosso comportamento) com mais frequência e empenho para aprimorá-la em nosso repertório. Por isso é tão importante o cultivo de bons hábitos desde a infância, pois eles se refletirão no caráter da pessoa adulta. Mas, afinal de contas, quais são essas virtudes? É exatamente isso que abordaremos ao longo deste livro. Assim veremos o quanto elas podem nos ajudar a melhorar nossas relações e interações.

MO-RAL. ***Substantivo feminino. Conjunto de preceitos e regras que, estabelecidos por uma sociedade, regulam o comportamento de quem dela faz parte.***

A moral é o conjunto de regras que norteia as nossas ações como seres sociais e se materializa na forma de normas e preceitos que reforçam ou reprimem determinados comportamentos. A primeira coisa a dizer sobre a moral é que ela é sempre filha de seu tempo. Deve ser interpretada, portanto, conforme o contexto local e a época. Ela sofre as mais variadas influências – religiosas, culturais, políticas e econômicas. A moral é um indicativo do que é certo e do que é errado para aquela sociedade naquele momento. Só funciona por meio de um caráter coletivo, subjetivo e com forte influência cultural. Desse modo, o que é permitido e considerado moralmente correto em um determinado local e tempo pode ser considerado imoral e proibido em outros. Houve um tempo, por exemplo, em que uma mulher separada era considerada imoral e duramente estigmatizada. Ela era a eterna culpada dos matrimônios que não prosperavam. Hoje chega a ser ridículo pensar nesse quadro, mas faz pouco tempo (menos de 50 anos) que o divórcio passou a ser consentido no Brasil.

É-TI-CA. ***Substantivo feminino. Parte da filosofia responsável pela investigação dos princípios que motivam, distorcem, disciplinam ou orientam o comportamento humano; conjunto de regras e preceitos de ordem valorativa e moral de um indivíduo, grupo ou sociedade.***

A palavra ética deriva da grega *ethos*, que quer dizer caráter. Podemos dizer que a ética é uma reflexão sobre a moral. A ética está relacionada à ação quando essa é deliberada, pois ela preocupa-se com o certo e com o errado, mas não é um simples conjunto de regras de conduta como é a moral. A ética procura refletir sobre o melhor modo de agir, aquele que não atrapalhe a vida em sociedade e não desrespeite o outro. Acredito que o principal ponto da ética é que ela não é relativa. Ela busca expressar comportamentos que devem ser considerados corretos por toda a sociedade, independente da época. Podemos exemplificar como atitudes éticas o respeito às leis (desde que elas sejam justas), à propriedade alheia, ao convívio social e à justiça. Ética é saber se comportar de forma correta. É pensando nessas cartilhas de comportamento que vários estudiosos relacionam a etiqueta como sendo a "pequena ética", aquela que é exercida nas relações do dia a dia.

VA-LO-RES. ***Substantivo masculino. 1- O preço que se paga ou recebe por alguma coisa. 2- Prestígio, qualidade, relevância, importância ou mérito.***

Valores pessoais são as coisas mais importantes para nós, sendo baseados nos princípios morais e éticos que conduzem nossas vidas. Os valores guiam nosso comportamento e nossas decisões. Por exemplo: eu valorizo a honestidade. Acredito que ser honesta é um valor inegociável, e se por algum motivo eu não puder dizer o que realmente penso, já me sinto desapontada comigo. Também valorizo muito a gentileza e quando vejo a ausência de atos gentis em algum lugar isso me causa mal estar. Nós nos sentimos bem quando vivemos junto aos nossos valores. É por isso que definir nossos valores pessoais e depois poder vivê-los é uma maneira de nos sentirmos realizados e felizes, mesmo que isso não faça o menor sentido para outras pessoas – principalmente porque somos diferentes e temos valores diferentes também. São inúmeros os valores, mas para exemplificar vou citar alguns: realização, saúde, inteligência, independência, integridade, honestidade, justiça, paz, simplicidade, perfeição, segurança, determinação, riqueza, humildade, entre outros. Importante entender que os valores são uma construção social que rege nossas ações e, consequentemente, a nossa vida. Os valores sociais são regidos pelos princípios e normas que orientam a forma como nos comportamos em um grupo. Os valores sociais servem para tornar possível a vida em comunidade, isso promove a coesão e o sentimento de pertencimento. Os valores sociais não são fixos, portanto, mudam e variam de acordo com o lugar e com o tempo. Essas mudanças podem ser para melhor ou para pior. Devemos sempre refletir e avaliar os valores da sociedade, pois caso eles deixem de encontrar ressonância conosco é um sinal de que perderam sua utilidade histórica. Um novo valor, que hoje desponta com força em nossa sociedade de consumo atual, é a crescente oposição do "ser" ao "ter" que por décadas regulou nossas ambições e comportamentos. Por muito tempo, alimentamos uma obsessão pelo "ter" – que, no fundo, não passava de uma fantasia materialista. Nossa vida atual parece querer escapar dessa cilada. É bem provável que uma nova unanimidade em torno da importância de "ser" algo e não de possuí-lo seja o nosso novo valor em nosso estágio seguinte.

EM-PA-TI-A. ***Substantivo feminino. Capacidade de pensar, sentir e agir como outra pessoa, colocando-se em seu lugar.***

Por ser um conceito subjetivo, a empatia pode ter várias interpretações. O caminho mais sensato, porém, parece ser defini-la como a capacidade de se identificar com outra pessoa e sentir o que ela está sentindo com a mesma intensidade. É um exercício de se colocar no lugar do outro, algo que nunca é uma tarefa fácil. É praticamente impossível termos as mesmas sensações e compreender as alegrias, tristezas, medos ou agressividade de outra pessoa, pois não temos os mesmos aprendizados, vivências, crenças ou expectativas.

Dizem que não conseguimos amar se não formos empáticos. Como todas as virtudes, a empatia tem que ser exercitada. O primeiro passo em sua direção, ao que tudo indica, é a disposição para ouvir sem necessariamente concordar. Em suma: reconheça as diferenças, mas não as julgue. Se quiser ser mesmo empático, transmita confiança, não faça fofocas ou críticas e, acima de tudo, trate bem as pessoas. É muito interessante ver que, muitas vezes, as pessoas acham que estão sendo simpáticas, mas na verdade nem percebem que não estão. Geralmente as pessoas precisam se conectar por meio de algum sentimento comum para ter empatia. Eu mesma, quando perdi meu marido, ouvi frases como "pelo menos ele não vai mais sofrer" ou "pelo menos ele viveu bem". Esse tipo de frase não é empático, pois não há conexão com o sentimento. É muito interessante saber que é comprovado cientificamente que somos seres empáticos por natureza. Nós já nascemos com estruturas e conexões cerebrais prontas para se conectarem e expressar empatia. Isso pode ser observado quando, por exemplo, bocejamos ao ver outra pessoa bocejar. Isso é causado pelo nosso sistema de neurônios-espelho que nos dá a capacidade de reproduzir no nosso cérebro tudo o que vemos. Se podemos imitar, nós podemos ser empáticos também. A neurociência também já comprovou que podemos exercitar a empatia fazendo com que ela se torne algo mais natural.

RES-PEI-TO. ***Substantivo masculino. Consideração, deferência; sentimento que nos impede de tratar mal outra pessoa.***

A palavra "respeito" vem do latim *respectus*, particípio passivo do verbo *specio*, que quer dizer espiar ou olhar. O respeito é, seguramente, uma das principais virtudes no território da Nova Etiqueta. Geralmente se tem respeito por alguém por quem se tem consideração ou admiração, mas às vezes o respeito pode ser confundido com o temor ou medo. Por exemplo: quando eu era criança eu respeitava meus pais, mas muitas vezes era por puro medo da reprovação. Ter respeito é olhar para o outro com cuidado. Quando eu respeito alguém é porque eu o considero importante. É fundamental entender que cada ser humano é único. Somos todos singulares e merecemos todos respeito, pois nossas diferenças devem ser respeitadas. Não precisamos concordar, mas sempre respeitar. Devemos ser reverentes às leis da natureza, às pessoas com quem convivemos e a nós mesmos. Deixarmos de respeitar as pessoas é sinal de um nível de humanidade baixo e de um senso de justiça equivocado. Se é a razão que nos define como humanos e nos permite a compreensão, essa mesma razão nos ensina a respeitar como somos e os outros como eles são.

GEN-TI-LE-ZA. ***Substantivo feminino. Comportamento distinto, em que há nobreza e elegância.***

Eu amo essa palavra, principalmente pelo que ela significa e como ela se propaga. Ela vem do latim *gentilis*, que significa "quem tem o mesmo gene". Família, portanto. Para alguns povos, o prefixo gen, significa dar à luz ou iluminar. Isso nos faz depreender que ser gentil é, de alguma forma, espalhar luz. A gentileza, para ser real, tem que ser autêntica e iluminar sem visar nenhum interesse. Também não pode ser superficial ou impelida pelas circunstâncias.

A gentileza é um ato em si e não um meio para se alcançar algo. Sim, eu também acredito que "gentileza gera gentileza", pois ela é contagiante. A gentileza é a forma de cuidado com o outro, de se importar e agir com respeito.

Ser gentil é ajudar, dar atenção, ouvir, ações que melhoram as relações. Parece-me tão óbvio que atos gentis devam nortear nossas atitudes, mas infelizmente não é o que vemos. Como eu sempre digo: o óbvio não existe, portanto temos que exemplificar quais são os atos gentis. Sempre agradecer favores, ceder o lugar para idosos, deficientes e pessoas com criança no colo, cumprimentar todas as pessoas, pedir licença, elogiar com sinceridade, dar passagem no trânsito, são esses alguns atos de gentileza.

FE-LI-CI-DA-DE. ***Substantivo feminino. Estado de espírito de quem se encontra alegre ou satisfeito; alegria, contentamento, júbilo.***

Você já imaginou se existisse um "felicitômetro", um aparelho que medisse o índice de felicidade das pessoas? Imagine, então, se o seu resultado impactasse as decisões de políticas públicas no mundo inteiro. Isso ainda não existe, mas a ideia nem é nova e, de certa forma, já foi colocada em prática, ao menos em parte. Tudo começou em 1972, no pequeno Butão, monarquia incrustada nas escarpas montanhosas do Himalaia, entre a China e a Índia. O rei (um tanto tirano, diga-se de passagem) queria entrar para a história como um rei pop. Estabeleceu o conceito de Felicidade Nacional Bruta como um indicador mais importante do que o PIB, o Produto Interno Bruto. Para ele, as riquezas materiais deveriam ser avaliadas não pelos benefícios econômicos que podem oferecer, mas pela felicidade que produzem. Era um gesto populista.

O rei só não imaginou que sua ideia contaminaria boa parte do mundo. O país tornou-se uma monarquia parlamentarista e passou a fazer parte das Organizações das Nações Unidas. Em 2011, a ONU exortou os países membros a adotar o exemplo do Butão, proclamando a felicidade como um objetivo humano fundamental. A partir de 2012, instituiu o dia 20 de março como o Dia Internacional da Felicidade. Desde então existe o Relatório de Felicidade Mundial. Produzido pela Rede de Soluções de Desenvolvimento Sustentável das Nações Unidas, ele classifica 149 países com base no produto interno bruto por pessoa, na expectativa de vida saudável e nas opiniões dos residentes sobre a sua felicidade. Os pesquisados devem classificar, numa escala de 1 a 10, o quanto de apoio social acham que terão se algo der errado (o grau de confiança em seu governo); qual o grau de liberdade de fazer suas próprias escolhas de vida (a garantia do livre-arbítrio); o quão corrupta acham que a sua sociedade é (o grau de confiança entre as pessoas) e quão generosos são os seus conterrâneos (o grau de altruísmo e empatia). O relatório de 2021, cujas pesquisas foram realizadas no ano anterior, em plena pandemia, considerou a Finlândia como o país mais feliz do mundo pelo quarto ano consecutivo. Em seguida vêm Dinamarca, Suíça, Islândia, Holanda, Noruega, Suécia, Luxemburgo, Nova Zelândia e Áustria. Curiosamente, o rico e rigoroso Japão não está sequer entre os 20 primeiros, e sim na quadragésima posição. Os Estados Unidos caíram de 18º para 19º; a China saltou de 94º para 84º lugar e o Brasil perdeu 12 posições, caindo para o 41º lugar. O país considerado o mais infeliz do mundo foi o Afeganistão, seguido por Lesoto, Botswana, Ruanda e Zimbábue.

O Butão, surpreendentemente, nunca foi pesquisado. Mereceu um extenso capítulo sobre a sua política de Felicidade Nacional Bruta somente no primeiro relatório, de 2012, coisa que os organizadores pretendem repetir em 2022, quando a iniciativa comemora dez anos. Uma questão importante analisada no relatório de 2021 foi a relação direta entre as mídias digitais e a felicidade. Num ano de isolamento físico imposto pela pandemia, a desigualdade no acesso à Internet pode representar riscos para o bem-estar e a felicidade das populações. Para mim a felicidade é algo muito relativo, pois o que me faz feliz pode causar irritação em outra pessoa. Também não coloco a felicidade como meta ou destino, mas como caminho, ou melhor, um momento no meu caminho. Falarei sobre isso mais adiante.

E-QUI-LÍ-BRIO. ***Substantivo masculino. Igualdade entre forças diferentes e opostas.***

Concordo com Aristóteles – radicalismo é algo péssimo! Nas relações humanas, os extremos são sempre maléficos. O difícil é encontrar o equilíbrio, o meio termo. Se a virtude está no equilíbrio, o seu excesso ou a sua falta denota desequilíbrio. Isso vale para todas as virtudes. O respeito, por exemplo. Se ele se dá de forma desmedida – o respeito total e absoluto a alguém, a uma religião, a uma filosofia – isso pode ser extremamente nocivo, pois poderia beirar o fanatismo, o irmão siamês da intolerância. No outro oposto, o desrespeito ignora, despreza, não enxerga o outro. Acredito que, atualmente, esse é um dos maiores problemas do convívio social: a falta de equilíbrio. Nossas emoções possuem um grande peso na forma com que encaramos os problemas. Conquistar o equilíbrio emocional é um grande desafio. É por meio do equilíbrio que atingimos a serenidade que precisamos para lidar e enfrentar adversidades e impedir que fatores externos gerem desequilíbrio. A base para se conquistar o equilíbrio é o autoconhecimento, que nos ajuda a encontrar maneiras para nos deixar equilibrados, como, por exemplo: boas noites de sono, meditação, yoga, resiliência, paciência e boa alimentação.

ZE-LO. ***Substantivo masculino. Grande cuidado ou preocupação que se dedica a alguém ou algo.***

A origem da palavra zelo é grega. Vem de "zelos" que significa ardor, ciúmes, cuidado. O zelo expressa interesse, diligência, afeição. Ele é para mim uma das virtudes mais valiosas, uma vez que significa cuidar de algo ou alguém com real carinho. Só somos zelosos com pessoas por quem nutrimos grande afeição e consideração. Nós nos sentimos responsáveis por elas. O melhor exemplo de zelo, na minha opinião, é o dos pais quando cuidam dos seus filhos, zelando por sua integridade e desenvolvimento. O zelo é a garantia de que tudo está bem. É também planejar e executar com empenho o que for preciso para que isso aconteça. Zelar é estar atento, se dedicar e estar realmente presente, seguindo tudo de muito perto e com extremo amor. É acompanhar ansiando pelo melhor. Sempre na medida exata, pois quando em excesso o zelo pode se transformar em ciúmes e sentimento de posse. Quando escasso, por sua vez, ele é sinônimo de indiferença. De novo Aristóteles, a nos lembrar da importância do caminho do meio. Noutras palavras, equilíbrio. Zelar é minha maneira de cuidar de tudo o que é genuinamente importante para mim e para a minha vida.

PO-LI-DEZ. ***Substantivo feminino. Boa educação, civilidade, urbanidade.***

Para a Nova Etiqueta, a polidez é uma das virtudes mais caras. É ela que dá leveza às relações, pois é o oposto da grosseria – algo que, infelizmente, anda muito em voga hoje em dia. A grosseria é característica da falta de educação – tanto a formal quanto a informal. No entanto, é preciso ressaltar que a polidez também pode ser um teatro, uma encenação. Algo superficial, polido, liso, sem arestas. A polidez que se nota em alguém nem sempre equivale ao que ela de fato é. É uma qualidade exteriorizada que a pessoa aparenta ser, sem que necessariamente se sinta assim interiormente. Uma pessoa pode ser gentil e polida e não ser nem ética nem moralmente correta. Para exemplificar, há criminosos, assassinos, e até mesmo políticos (figuras desprovidas de ética e moral) que são, aparentemente, figuras polidas e gentis. A polidez, portanto, não é garantia de bom caráter. Apenas confere a aparência de "boa pessoa". Digamos que ela deixa transparecer o que todos deveriam ser por dentro e nem sempre são.

A polidez pode ser usada como ferramenta de simulação por quem quer ser bem aceito na sociedade. A pessoa pode medir as palavras antes de falar, o que não é uma coisa ruim, mas também não quer dizer que ela tenha bom caráter. Palavras não comprovam o caráter. O que comprova o caráter são as ações, gestos e atitudes.

A polidez é muitas vezes confundida com gentileza. Mas ela não é suficiente por si só para construir uma sociedade harmoniosa. Já a gentileza eu acredito que sim, embora a polidez seja também necessária, pois sem ela não há civilidade. Obviamente, não quero dizer que as pessoas devam ser falsas ou artificiais. Devemos ter gentileza na nossa vida cotidiana como um hábito a ser propagado. Já a polidez é circunstancial.

Atualmente há quem evite a polidez por julgá-la uma "frescura". Vivemos numa época em que as pessoas rejeitam padrões de comportamento relacionados à etiqueta. Parece até que as redes sociais ditaram uma regra própria, um comportamento fora do padrão. Por conta disso, na ânsia de evitar a polidez, as pessoas acabam se esquecendo de ser bem-educadas. Ainda há muito preconceito e ignorância sobre a Nova Etiqueta e às vezes parece que ser polido é ser estranho e chato.

SIN-CE-RI-DA-DE. ***Substantivo feminino. Qualidade de quem é autêntico, verdadeiro.***

Eu costumo brincar com meus alunos que tem gente que nasceu com a síndrome da Gabriela: "Eu nasci assim, eu cresci assim, e sou mesmo assim, vou ser sempre assim" (*Modinha para Gabriela*, de Dorival Caymmi). É gente que não quer mudar, que acha que nasceu daquele jeito e que o mundo tem de aceitá-la como é: sincera demais, sempre falando a verdade; é gente que sente que essas são as suas grandes qualidades.

Só que essa autenticidade às vezes extrapola a razão e acaba se tornando pura falta de educação. É como a verdade sem filtro, que nem sempre é a mais adequada para se viver em sociedade. A sinceridade absoluta pode ser terrível quando usada de forma errada, em momentos, lugares ou para a pessoa errada. Ela pode gerar grandes conflitos. Os chamados 'sincericídios'.

Nem tudo que se pensa deve ser dito. Meu marido sempre me dizia: "Só diga algo se você tiver certeza de que é adequado, construtivo. Se não for, pense um pouquinho mais, reflita sobre o que isso poderá causar ao outro. Pense no outro antes de dizer".

Talvez essa tenha sido a receita da nossa relação longeva e estável.

Muita gente se orgulha de ser sincera sem se importar com o outro. Sequer se dá conta de que essa sinceridade desmedida pode ser rude, ofensiva, abalar relações e prejudicá-la. Não custa nada tratar bem o outro, mesmo que você não goste dele ou discorde de suas ideias. De novo a questão da tolerância. Não é porque seus pensamentos divergem que você pode ou deve dizer tudo o que pensa. É preciso bom senso. Isso não quer dizer que você é falso. Apenas que você, ao medir as palavras, é polido.

Muitas vezes, o que falta é exatamente o bom senso. Ser sincero nem sempre é algo positivo. A verdade pode, muitas vezes, ser inconveniente e até mesmo prejudicial. Preferir a verdade, doa a quem doer, pode ser um belo discurso. Mas, na vida em sociedade, gera situações complicadas.

SU-TI-LE-ZA. ***Substantivo feminino. Capacidade profunda de compreensão, sagacidade, perspicácia.***

Eis uma das virtudes que eu tento praticar sempre. É a maneira pela qual você torna suas palavras mais brandas e suas ações mais pacíficas e doces. A sutileza pode ser empregada tanto na linguagem verbal quanto na corporal. É a antítese da grosseria, das atitudes impensadas. A sutileza é o equilíbrio entre a firmeza e a brandura. É simples e, ao mesmo tempo, forte, muito similar à delicadeza. Está muito ligada à suavidade, tanto na maneira como você fala quanto na que você age. A sutileza é um jeito discreto e elegante de ser.

Quem tem sutileza teme machucar o outro, preocupa-se realmente com o próximo. Valoriza os detalhes – algo que, atualmente, quase ninguém mais faz. A delicadeza é frágil; a sutileza, não.

A sutileza é a melhor maneira de se dizer o que precisa ser dito sem ofender e nem machucar o outro. É uma das virtudes que precisamos urgentemente resgatar, cultivar e aplicar. Ela talvez seja a nossa melhor ferramenta para enfrentarmos esse mundo tão rude e agressivo.

AL-TRU-ÍS-MO. ***Substantivo masculino. Interesse pelo bem-estar do próximo.***

Agora vamos a uma virtude com a qual eu tenho uma familiaridade muito grande, pois convivi boa parte de minha vida com uma pessoa cujos principais traços eram o altruísmo, a capacidade de amar o próximo e de realmente se preocupar com o outro. Conviver com alguém que teve como propósito de vida a felicidade alheia – no caso, a minha felicidade e a da nossa filha, pois lhe éramos mais próximos – foi uma experiência incrível. Pessoas altruístas geram um ambiente de harmonia ao seu redor.

Nossa sociedade atualmente se contorce para compreender e praticar o altruísmo. Movido pela competitividade, o comportamento individualista e egocêntrico não dá espaço para que se pense no coletivo. Talvez porque, de maneira errônea, as pessoas pensem que ser altruísta significa abrir mão de si próprio. Novamente é preciso recorrer a Aristóteles, em sua eterna busca pelo equilíbrio.

É imperativo pensar não apenas no próprio bem, mas também no bem comum. No bem coletivo.

Quando você se sente realmente útil e sua vida tem um propósito, um significado, você atua e pratica a solidariedade (olha aí o altruísmo!) e se torna mais forte. É o que nos ensina a filosofia Ikigai.

O altruísmo deveria ser uma espécie de modelo comportamental, uma das virtudes essenciais do bem viver. Afinal, ele é a capacidade de você se dedicar ao outro sem esperar nada em troca. Uma preocupação legítima, sem espaço para o tal "o que é que eu vou ganhar com isso?" A recompensa é ver o outro feliz. O altruísmo é a antítese do egoísmo.

Conhecemos grandes personalidades altruístas. Só para citar algumas: Mahatma Gandhi, que lutou de maneira pacífica pela liberdade da Índia; Madre Teresa de Calcutá, que dedicou sua vida aos pobres; Malala Yousafzai, a garota paquistanesa que arriscou a própria vida para que as meninas do seu país tivessem o direito básico de estudar. Mas o altruísmo não é privilégio de uns poucos. Ele pode ser praticado por qualquer um.

A-MO-RO-SI-DA-DE. *Substantivo feminino. Qualidade do que é amoroso.*

Especialmente no universo corporativo, onde a virilidade e a força são qualidades necessárias à sobrevivência num ambiente que embute grandes doses de hostilidade, a falta de amorosidade é quase permanente. Nesse território, há quem associe a amorosidade à ingenuidade, à fragilidade e até mesmo à incompetência. Nada mais absurdo. Qualquer pessoa pode ser amorosa, carinhosa e, ao mesmo tempo, competente. Basta observar as mães que, quando preciso, tornam-se leoas para defender os filhos.

No extremo oposto está o ódio e seu principal traço: a agressividade. Há quem se julgue mais forte ao agir de modo agressivo.

Há quem veja na agressividade um valor necessário. Na verdade, porém, a agressividade não transmite falta de educação, desrespeito e insegurança. Ela representa a falta de amor, isso sim.

O mundo corporativo é particularmente cruel para as mulheres – tanto na maneira como são vistas pelos homens quanto na postura masculinizada que algumas adotam para enfrentar uma competição desigual e afirmar a sua competência. Eu sinceramente acredito que a mulher não precisa abandonar a amorosidade tão inerente à alma feminina. Essa virtude, que não é exclusiva do sexo feminino, contribui muito para a harmonia nas relações de trabalho, neutralizando a falsa ideia de que a força, a agressividade e a competitividade sejam sinônimos da competência.

A amorosidade pode transformar a competição em colaboração. O maior equívoco das lideranças é acreditar que poderão impor suas ideias pela força e, assim, angariar o respeito de seus liderados. Basta, novamente, recorrer ao exemplo das mães. O respeito dos filhos é proveniente do amor. Não existe amor ou respeito onde existe medo.

CO-RA-GEM. *Substantivo feminino. Força ou energia moral diante do perigo ou de situações difíceis.*

Desde pequena tive a fama de ser uma criança muito covarde. Eu tinha medo de altura, de cair, de me machucar, de ir para o fundo no mar, de alguns brinquedos e também de ficar sozinha. Medos, percebe-se, não me faltavam. Cresci e continuei com esses temores, exceto o de ficar sozinha, que já consegui dominar. Mas é provável que, em vez da covardia, o que eu exibisse fosse prudência. Ainda jovem, eu intuía que possuía um atributo que parecia ser coragem, mas eu ainda não sabia ao certo o que era. Era uma energia que me motivava, me fazia agir e não me imobilizava diante de situações difíceis.

Essa energia, que eu chamo de coragem, me dava segurança e força para enfrentar as dificuldades e alcançar meus objetivos. É preciso ter coragem e determinação para realizar algo – e eu tenho muita. A coragem está intimamente ligada à convicção, à firmeza e também à ousadia. À ousadia de ser, de agir e de pensar diferente.

Mas também não podemos ignorar a coragem que está relacionada à força física, aquela da qual nos valemos para enfrentar o inimigo ou se defender dele. Até mesmo para dar no pé, quando o perigo é grande demais! É a coragem que nos faz evoluir, desvendar novos caminhos, enfrentar o desconhecido. Sem ela não sobreviveríamos. Com ela somos capazes de qualquer coisa que nos mantenha vivos ou ajude a salvar quem amamos. Não foi à toa que o próprio Aristóteles disse, numa de suas citações: "A coragem é a virtude sem a qual nenhuma outra virtude existiria".

Uma coragem exemplar é a dos imigrantes, que deixam sua pátria, língua, raízes e pertences em busca de uma vida nova, desconhecida, sem olhar muito para trás. A coragem é a chave da porta do desconhecido.

A-MI-ZA-DE. ***Substantivo feminino. Sentimento de afeição, estima, ternura que une uma pessoa a outra sem implicar, necessariamente, a existência de laços de família ou de atração sexual.***

Amizade é algo tão simples de sentir e, ao mesmo tempo, uma coisa complexa de ser explicada. Ela muitas vezes começa de uma maneira misteriosa. Por que a gente acaba criando afeição por uma pessoa e por outra não? Muitos fatores podem explicar: a proximidade familiar, a simpatia, a empatia, a convergência de mesmos princípios e gostos semelhantes e até mesmo pensamentos opostos. Não faltam casos de amizades improváveis, algumas realmente espantosas. Às vezes, a amizade pode ser confundida com amor ou atração sexual. Muitos mantêm seus casamentos por amizade. Outros descobrem na amizade o seu grande amor.

A Nova Etiqueta é uma boa ferramenta de manutenção de nossas amizades. Muitas são abaladas ou rompidas por falta de bom senso, respeito ou por inabilidade ao se comunicar. Em suma: por falta de algum dos elementos virtuosos que permeiam as relações humanas. Outras nunca terminam; são para a vida inteira. Não há distância e nem tempo sem contato que abalem as chamadas amizades verdadeiras. Basta um reencontro para que a chama se reacenda, a energia volte e a conversa volte a fluir sem parar. Nisso a amizade se parece muito com o amor. Ambos são sentimentos que pedem altas doses de cuidado e zelo para a sua manutenção.

Compreensão e respeito a opiniões diversas são fundamentais – sobretudo nesses tempos de amizades digitais. Se você busca amizades homogêneas, sua rede pode ficar pobre. Ter amigos de várias etnias, religiões, classes sociais, pensamentos políticos e opiniões diversas é como participar de uma academia em que todos se tornam melhores, pois ali se exercita a tolerância, a flexibilidade e o respeito mútuo.

A informalidade e a intimidade, se bem conduzidas, podem fazer bem. Em excesso, porém, também podem destruir relações. É comum que grandes amigos regressem um tanto estremecidos de uma longa viagem. Mantenha um distanciamento seguro se quiser ter uma amizade duradoura. Cultivar uma amizade também pede reciprocidade, troca, ajuda mútua e confiança. Amizade platônica só existe na infância, quando temos amigos imaginários.

A amizade é o fio com o qual a sociedade tece sua rede de colaboração. Os amigos se ajudam e se apoiam reciprocamente nos momentos mais difíceis. Isso serve de treino para exercermos a compaixão, o afeto e o amor também por quem não conhecemos. Todas as virtudes que praticamos a fim de manter uma amizade verdadeira devem ser expandidas para a sociedade. Devemos aceitar as diferenças, tratar com carinho e sutileza, sem ofender ou magoar. É fazer o bem sem esperar algo em troca.

A amizade é a pedra fundamental da sociedade. Na infância, ela desenvolve a nossa capacidade de socialização. Na adolescência, participa da construção da nossa identidade. Na vida adulta, como nosso norte, ela está presente nas relações amorosas, familiares e profissionais. Já na velhice, a amizade faz bem à saúde, pois espanta a fria solidão dos idosos. Ao longo da vida, vamos tecendo nossas redes de amizades – a dos amigos de infância, do colégio, da faculdade, do primeiro e do último emprego, a dos que torcem pelo mesmo time e as de vários outros campos de afinidade. Todas elas são tão diversas e, ao mesmo tempo, importantes. Nos melhores e piores momentos da vida.

Seguem seis ações que podem ajudar a cultivar amizades verdadeiras:

1. Estabeleça conexão emocional e crie vínculos: dê muita atenção, mantenha contato, invista, agende encontros, telefone, dialogue com calma, desabafe, peça conselhos. Faça isso regularmente.
2. Demonstre interesse! Isso não significa se meter na vida do outro, opinar sem que lhe peça, bisbilhotar, invadir a privacidade. Dê atenção e apoio, seja qual for o caminho que o amigo escolher.
3. Seja verdadeiro sem ser rude: fale para a pessoa e não dela. Nada de fofoca! Seja sutil, delicado, tenha bom senso se for criticar e fale com a própria pessoa, jamais com os outros.
4. Respeite as diferenças: seja tolerante – é possível aprender com quem não pensa e não é como você.
5. Mantenha o coração aberto para perdoar. Todos nós erramos e merecemos perdão.
6. Jamais se esqueça de uma regra de ouro: elogios em público e críticas no particular.

BON-DA-DE. ***Substantivo feminino. Benevolência, generosidade, magnanimidade.***

Entre todas as virtudes, talvez esta seja a mais nobre – e, provavelmente por isso mesmo, a mais rara. Mas será que existe alguém que seja bom o tempo inteiro? Provavelmente não. A razão é muito simples. As virtudes precisam estar incorporadas no dia a dia até que se tornem um hábito. Só então você as pratica da hora em que acorda à que vai dormir. Não são como uma roupa nova, que você reserva para usar somente numa ocasião especial, querendo ser notado.

As virtudes devem participar naturalmente do seu cotidiano, se adequando às diferentes situações. Ao se tornar um hábito, a virtude torna-se espontânea. Não é preciso mais pensar para empregá-las. As escolhas e as atitudes virtuosas se dão automaticamente. Praticadas como hábito, elas afastam os vícios, como dizia Aristóteles. Ou seja, os extremos – tanto de excesso quanto de escassez. De novo Aristóteles: é no equilíbrio que encontramos a tal felicidade.

AS-SI-DUI-DA-DE. ***Substantivo feminino. Qualidade, caráter ou condição do que é assíduo, do que se faz presente com constância; do que não falta às obrigações; do que não sofre interrupções, é contínuo; do que se aplica com tenacidade às suas tarefas.***

Se você pensou que vamos falar de cumprimento de horários, errou. Assiduidade é a característica de quem se dedica com obstinação a cumprir tarefas, compromissos e objetivos. É um sinônimo de foco, persistência, qualidades desejáveis tanto no universo corporativo quanto na vida pessoal. Amigos assíduos estão sempre presentes e se dedicam às amizades com constância, como um hábito.

Como um indicador de comprometimento, a assiduidade é muito valorizada pelas empresas e de fácil controle e monitoramento.

Engajamento em novos projetos, presença marcante nas reuniões, persistência na busca por soluções e o enfrentamento dos obstáculos são atitudes que normalmente são levadas em conta na decisão de uma promoção ou aumento de salário.

PON-TUA-LI-DA-DE. ***Substantivo feminino. Qualidade de quem é pontual. Que respeita os horários de compromissos.***

Diferente da assiduidade, a pontualidade está intimamente ligada ao respeito. Não cumprir um horário combinado é demonstração de falta de respeito pelo tempo da outra pessoa. Tempo é algo extremamente precioso, talvez o nosso ativo mais valioso, e a pandemia deixou isso muito claro. Trocamos o ditado de 'tempo é dinheiro' por 'tempo é vida'. Ser pontual é demonstrar cuidado com o outro.

Infelizmente a fama do brasileiro é oposta à dos britânicos. Atrasos de 15, 20 minutos são considerados normais no Brasil. Na Grã-Bretanha, eles são inadmissíveis. A pontualidade britânica vale tanto para o início quanto para o término dos compromissos. Se o trabalho se encerra às 18 horas, todos vão embora naquele horário. Os britânicos dão valor ao tempo livre. Os brasileiros chegam atrasados e esticam o horário de trabalho, acreditando que com isso produzem mais, quando o que se dá é justamente o contrário. Está mais do que provado que o trabalhador produz mais e melhor quando tem o seu tempo de descanso e de lazer respeitados.

O atraso é tão arraigado na cultura brasileira que quase já o embutimos na programação. O folclore em torno da noiva, que se sempre se atrasa em sua chegada à igreja, é bastante emblemático de como somos indulgentes com o nosso próprio tempo – e, ainda pior, com o dos outros. Se convidamos alguém para uma festa, por exemplo, já sabemos de antemão que as pessoas chegarão uma ou duas horas mais tarde. Até incorporamos essa espera. Somos excessivamente tolerantes – lembra-se de Aristóteles? Mesmo no mundo do trabalho, no Brasil, a assiduidade é valorizada e a falta de pontualidade, tolerada. Os planejamentos preveem atrasos. Vivemos com pressa e estamos sempre atrasados. As desculpas para os atrasos aqui são aceitas como compreensíveis – o trânsito, a chuva. Para o estrangeiro, essas desculpas são inadmissíveis. Convém ter isso claro em um mundo corporativo cada dia mais globalizado. A pontualidade, tanto nos compromissos profissionais quanto no transporte público, é ponto de honra no Japão, por exemplo. Um atraso de poucos minutos na saída de um trem gera um imediato pedido de desculpas aos usuários pelo erro cometido. No entanto, os japoneses pecam pelo excesso, não respeitando o horário de saída do trabalho. Algo que os alemães, por exemplo, consideram intolerável.

ES-PE-RAN-ÇA. ***Substantivo feminino. Sentimento de quem vê como possível a realização daquilo que deseja; confiança em coisa boa; fé.***

No ano de 2021, eu tive algumas oportunidades de vivenciar a esperança. Inicialmente, a esperança está ligada à espera com incerteza, à expectativa, ao medo. Meu marido faleceu no dia 3 de janeiro de 2021. Nos seus últimos dias, eu irracionalmente me agarrei à esperança, ansiando por algo impossível, segundo os médicos. Eles haviam me preparado, mas eu não quis aceitar. A fé foi importante para me manter de pé.

A esperança está sempre ligada ao futuro. Quando não há futuro, ficamos desesperançados. Foi o que senti quando perdi meu marido. Eu não via mais futuro. Confesso que, particularmente, nunca gostei da palavra esperança. Esperar por algo incerto me causa temor, como viver em uma corda bamba.

A desesperança, por sua vez, nos revolta e faz com que reajamos. Talvez seja preciso tanto a esperança por algo melhor quanto a desesperança para que não fiquemos eternamente aguardando coisas que podem não vir. Foi o filósofo alemão Friedrich Nietzsche (1844 -1900) quem deu nova interpretação à esperança que Pandora não deixou escapar de sua caixinha. Para ele, dos males, a esperança é o maior, pois, segundo Nietzsche, é ela que faz com que não enfrentemos os demais males. Acreditando que o próximo dia será melhor, vivemos assim, numa espécie de esperança oca, que nos imobiliza. Eu prefiro o equilíbrio proposto por Aristóteles. Creio em dias melhores, mas não fico esperando de braços cruzados. Tomo atitudes para que eles realmente se concretizem.

GRA-TI-DÃO. ***Substantivo feminino. Reconhecimento por um benefício recebido; demonstração de agradecimento a alguém por algo bom que essa pessoa tenha feito; obrigado.***

Gratidão é um sentimento que me faz bem. Já é comprovado cientificamente que, quando nosso cérebro reconhece formas de agradecimento, ele aumenta o nível de dopamina (neurotransmissor responsável pela sensação de bem-estar, prazer e humor) o que causa uma sensação de felicidade. Então podemos dizer que a gratidão é uma fonte de felicidade? Sim. Nosso contentamento geralmente interfere na forma com que conduzimos nossas relações e nosso comportamento. Quando nos sentimos gratos, normalmente nos tornamos pessoas mais agradáveis e alegres, pois estamos felizes. Esse estado de espírito saudável é transmitido para as outras pessoas que retribuem, o que gera um ciclo de felicidade. A gratidão como virtude também pode ser desenvolvida no dia a dia por meio de hábitos simples, enriquecendo nossa qualidade de vida social, pessoal e profissional. Para entender melhor prefiro exemplificar, já que há várias formas de gratidão. Posso citar uma situação do nosso cotidiano: quando estamos em um restaurante e fazemos um pedido ao garçom. Normalmente você recebe o que pediu, come, agradece, paga e pronto. A situação é outra se o garçom foi especialmente agradável, atendeu todas as solicitações e superou as expectativas, recebendo mais do que esperava, mais do que é de seu direito. Nesse caso, seu agradecimento não é mais algo formal e automático, mas com um sentimento real de gratidão e encantamento. Você sairá provavelmente sorrindo do restaurante. No entanto, você poderá observar que outras pessoas podem receber o mesmo tipo de atendimento, mas, seja por pressa ou porque estão ocupadas com o celular, não percebem o momento presente e nem percebem o que está acontecendo. Provavelmente irão agradecer, mas não serão gratas e perderão a oportunidade de perceber a dádiva recebida, sem usufruírem dos benefícios da gratidão. Assim fica claro que agradecer somente como convenção, por educação, é diferente de ter e praticar a virtude da gratidão. Isso não quer dizer que o agradecimento polido não seja válido – ele é uma forma de ser gentil, mas muitas vezes pode ser apenas algo mecânico. A gratidão é percepção do momento presente, é se surpreender, é se encantar, é ver valor nas coisas. O segredo é saber ver. Considerar cada experiência como uma dádiva. É interessante observar que quando nos frustramos, lamentamos e reclamamos (geralmente por bobagens e coisas insignificantes) logo ficamos de baixo astral, pois é uma reação automática. Então o inverso também acontece: se agradecermos pelas pequenas coisas, como uma ligação de um amigo distante, conquistar um desafio, assistir um filme interessante, caminhar em uma tarde qualquer, tudo isso nos fará sentir prazer e o nosso astral melhora. Entretanto, nem sempre exercitar a gratidão de forma instintiva é tão fácil. Porém existe uma ideia revolucionária de base científica, a "psicologia positiva", que contempla a gratidão como uma das muitas atitudes que promovem o bem-estar e a felicidade. Recentemente eu fiz um exercício sugerido por Martin E.P. Seligman, onde escrevi cartas de gratidão para algumas pessoas especiais, especificando detalhadamente qual de suas atitudes me motivou a escrever aquela carta. Ao entregá-las, eu as lia em voz alta e posso garantir que a minha sensação foi de completo bem-estar e satisfação. A gratidão não é uma prática difícil, nem artificial. É um hábito maravilhoso.

"Não é a felicidade que nos torna gratos,
mas a gratidão que nos torna felizes."
Martin Seligman

Capítulo 4

Eu e minha imagem

Capítulo 4
Eu e minha imagem

Muita gente acha que a preocupação com a imagem é invenção da Internet e das redes sociais. Mas a busca pela perfeição sempre existiu. Desde a Grécia Antiga, esculturas de mulheres e homens mostravam curvas, músculos e traços perfeitos, transmitindo também os ideais da sabedoria, da arte e da cultura.

O culto à imagem esteve presente em todas as épocas porque faz parte da natureza humana. Os padrões é que mudaram. As gordinhas já foram as mais belas, assim como as muito magras, as branquelas e as bronzeadas. Cabelos lisos já perderam terreno para esvoaçantes, à custa de escovas e secadores em altas temperaturas, indo depois para as chapinhas.

O que essa quase obsessão nos diz? No mínimo, que as pessoas se iludem com um ideal de beleza. A perda de tempo e energia, em si, já seria prejudicial para qualquer um. Mas não para por aí. Muita gente cai em depressão, especialmente jovens que gostariam de ser como seus ídolos e influenciadores, acabando frustrados porque perseguem o irreal.

As pessoas que imitam outras, na maioria das vezes, não se conhecem — ou se conhecem pouco. Por isso acabam transmitindo uma imagem que não tem nada a ver com elas. Isso pode ser péssimo tanto no convívio social quanto no profissional.

A primeira pergunta deve invariavelmente ser: "Que mensagem quero passar para as pessoas por meio da minha imagem?". Essa indagação é fundamental para que possamos descobrir quem somos e o que realmente queremos transmitir com a nossa imagem.

Comecei a minha carreira almejando ser executiva numa grande empresa. Vestia *tailleur*, salto alto, pretinho básico, cabelo chanel e maquiagem. Era o que eu queria na época. Mas isso vai mudando conforme mudam os objetivos. A certa altura me tornei professora e especialista. A minha imagem passou a transmitir autoridade e se adequou ao ambiente de uma universidade. Comecei a me vestir de forma mais despojada, mas mantive o meu próprio estilo.

Quanto mais nos autoconhecermos, mais teremos clareza dos nossos objetivos. Melhor conheceremos as pessoas com quem convivemos, os ambientes que frequentamos na esfera profissional ou na social. O que gostaríamos de passar por meio do nosso estilo, do nosso comportamento, da forma como nos comunicamos? Quais são os valores que queremos cultivar para a nossa vida? Qual é o nosso propósito?

Com o autoconhecimento, saberemos o que nos faz feliz e qual estilo tem mais a ver conosco. Conseguiremos, assim, dar o nosso toque de originalidade nesse estilo, seja ele mais clássico, arrojado, despojado, esportivo, o que for.

Algumas culturas orientais consideram a vestimenta um sinal de respeito ao outro. A japonesa, por exemplo, vê como ofensa uma roupa com decote exagerado porque pode causar constrangimento ou algum mal-estar entre as pessoas. Sim! Ao convivermos com um grupo de determinada cultura, devemos nos adequar a ela. É, sobretudo, uma questão de respeito.

Independentemente do aspecto cultural, vamos pegar novamente a palavra elegância. Do ponto de vista etimológico, elegância vem de eleger e fazer boas escolhas. Na prática, quer dizer que não vou usar a minha bolsa Louis Vuitton para ir a um churrasco descontraído. Isso causaria mal-estar, pois seria ostentação. Muito menos iria de salto, apesar de amar usá-los na praia ou em volta da piscina. Ao contrário, estarei super elegante se for num churrasco na laje com jeans, camiseta e tênis, e, na praia e piscina, de chinelo.

Imagine ir a uma entrevista de emprego usando roupas estilo sensual como as artistas pop usam. “Ah, mas elas fazem o maior sucesso!”, alguém pode argumentar. Só que elas são artistas. E pode ter certeza: por trás do visual delas, há uma equipe de marketing pensando em cada gesto e cada peça de roupa que elas usam de forma estratégica.

Para uma entrevista de emprego você pode até ser estratégico, vestindo- se de acordo com o seu próprio estilo, mas levando em consideração a adequação ao ambiente profissional que pretende ingressar. Volto a dizer: quanto mais nos conhecermos, melhor saberemos transmitir a mensagem que desejamos por meio da nossa imagem. Com equilíbrio e bom senso. Esse conhecimento é daqueles que a gente adquire e leva na bagagem pela vida, em qualquer situação. Feito andar de bicicleta.

Antes de começar a vida profissional, na escolha da carreira, recomendo exercitar o seguinte pensamento: será que me sentirei bem vestindo terno diariamente porque a profissão de advogado exige? Será que vai me fazer bem estar o dia todo participando de reuniões com o visual impecável, cabelos e unhas feitas, maquiagem? Não me sentiria melhor trabalhando numa agência de publicidade, entre pessoas mais descontraídas?

Ainda que cada vez mais a vida profissional seja flexível, se questionar é um bom ponto de partida para conciliar o seu bem-estar e o dia a dia que vai encarar. O nome disso é harmonia. E harmonia é uma conquista, uma construção que começa pela compreensão da amplitude da própria imagem.

Gosto de dividir a imagem em três momentos — como os outros me veem, como eu me vejo e como desejo que me vejam. O primeiro momento está ligado à minha reputação, àquilo que falam de mim na minha ausência. Podem ser impressões agradáveis e elogiosas. Ou não. Isso tem a ver com o estilo que assumi e o meu comportamento.

O segundo momento é a minha autoimagem: como me percebo no mundo. Se não me conheço, essa autopercepção pode ser distorcida. O terceiro é como desejo me mostrar aos outros. Só terei essa clareza ao me conhecer, buscando respostas sobre o que gosto, o que quero, o que me faz feliz, como me sinto bem e como isso vai impactar o outro.

Somos seres visuais. Seria hipócrita ignorar que as pessoas nos julgam o tempo todo. Ao mesmo tempo, virou moda dizer "eu sou assim, quem quiser que me aceite" e não levar em consideração as outras pessoas, apenas a si próprio. Eis uma postura egoísta que devemos combater. Não somos seres isolados vivendo numa ilha onde podemos andar nus e ouvir música no último volume sem incomodar ninguém.

Nesse mundo em constante transformação em que vivemos, também estamos construindo novos códigos de comportamento baseados em equilíbrio. A rigidez e aquela etiqueta cheia de regras aos poucos estão dando lugar a uma Nova Etiqueta baseada em bom senso e respeito ao coletivo.

Será que deveria ser obrigatório as funcionárias de um resort litorâneo usarem saltos altos? Imagine uma pessoa de uniforme andando o dia todo, ficando horas em pé em um calor de 35 graus. Não tem nada de elegante em passar dores sobre um salto fino de 15 centímetros ou transpirar de calor o tempo todo. Não é coerente. Elegante é estar adequado no lugar certo e à vontade por estar vestido e agindo da maneira certa. Vestir um Chanel pretinho de salto alto é elegante? Decerto é. Mas dependerá sempre de quem eu sou, onde estou e com quem convivo.

No mundo virtual, as empresas já criaram um *dress code,* não permitindo que as pessoas apareçam de pijama, por exemplo, numa *call.* Até fundos falsos foram criados para não mostrar um ambiente bagunçado. Isso está ligado à reputação e à imagem. Vamos incorporar novos códigos de elegância e adequação da imagem e também na comunicação para esses novos tempos. Lembro que, quando surgiu o celular, houve muita confusão no uso. As pessoas não entendiam bem a medida entre o razoável e o invasivo.

No mundo virtual, tanto quanto no real, o corpo fala. Bocejos, cabeça apoiada, barulhos em volta, comida e aquele senta-e-levanta demonstram uma tremenda falta de educação ou, no mínimo, desinteresse. De novo, vale se perguntar: o que eu quero comunicar? Qual é a relação que quero manter com determinada pessoa? De empatia ou mais austera?

Para mim, estar bem apresentada é uma demonstração de respeito. Gosto de oferecer uma mesa bem-posta ou de usar batom para estar com as minhas amigas numa *happy hour,* ainda que virtual. Sei que eu vou me sentir bem se estiver em harmonia comigo, sendo quem sou e respeitando os que estão ao meu redor.

Capítulo 5
A semente de tudo

Capítulo 5
A semente de tudo

Tenho pensado muito em como a pandemia impactou (e continuará impactando) a vida em família. Um dos efeitos colaterais seria o aumento de divórcios. Fiz uma breve e despretensiosa pesquisa no Google e o tanto de ocorrências sobre o tema só reforçou a minha intuição. Pesquisas de institutos como o IBGE e outros institutos de renome mostram que esses números saltaram desde que a Covid-19 virou a nossa rotina de cabeça para baixo.

Ninguém estava preparado para o isolamento social. De uma hora para outra, pais, filhos, maridos e esposas que praticamente só se esbarravam em momentos do dia ou da noite passaram a conviver no esquema 24x7 (24 horas, sete dias da semana). Era mais fácil serem pais e mães antes, não é mesmo?

Nessa convivência compulsória, em que a varanda *gourmet* virou *home office* e as crianças perderam o espaço de brincar para as reuniões de trabalho, pais e mães descobriram que seus filhos não são tão bem-educados quanto acreditavam. Eles não obedecem e ficam o dia inteiro no computador. É quase uma sensação de conviver com amados estranhos, mais ainda quando são adolescentes.

A responsabilidade pela educação, antes delegada à escola pelos pais ocupados com o trabalho e a carreira, retornou para suas mãos – lugar de onde nunca deveria ter saído. A eles cabe educar suas crianças, cuidar, proporcionar momentos de descoberta e crescimento, formar bons seres humanos.

Temos a mania de culpar o que não podemos controlar (problemas políticos, econômicos, mídia e escola) e justificar nossas ausências para nos livrarmos de responsabilidades e culpas. Mas temos também o livre-arbítrio de fazer nossas escolhas, podendo assim filtrar o que assistimos, discutimos e o colégio que escolhemos para nossos filhos estudarem (quando possível). É óbvio que nossas relações familiares sofrem alguma influência externa, mas não podem depender desses pontos externos, e sim se basear nas virtudes e nos valores da família.

O tal do novo normal jogou na cara de todos a dura realidade de não saberem mais quais os limites entre a família e a escola. Nas reuniões de mães das quais participei nesse período ficou bem claro como eram distribuídos os méritos e os deméritos — a parte boa é minha, mas a parte ruim é da escola. Mães e pais acham que é da escola a obrigação de educar seus filhos, mas não aceitam a contrapartida da professora ao criticar o comportamento deles.

Essa desarmonia causada pelo jogo de empurra-empurra das responsabilidades, outro efeito colateral da pandemia, é tudo o que a Nova Etiqueta não acredita. Uma casa com alicerces construídos com base no respeito, no olhar para o outro, na compreensão das diferentes necessidades de cada um e no amor é uma casa mais feliz.

A família reflete o mundo lá fora. É como uma sociedade em miniatura. Se a harmonia não estiver presente na construção dessa casa, no sentido de lar, os vícios que afloraram no mundo pandêmico (como o egoísmo, o radicalismo e o preconceito) — vão intoxicar as relações familiares também.

Um dos grandes desafios dos nossos dias é a convivência entre as diferentes gerações. Na minha infância e adolescência, eu respeitava tanto os meus avós que nem me aproximava deles. Era um respeito que beirava o medo. Do extremo da minha época pulamos para outro, o dos nossos dias, quando vemos crianças sentadas na cabeceira da mesa e netos tratando seus avós como tratam um colega. Não com intimidade, mas sim com displicência. Respeito zero.

Tenho outro tipo de convivência com idosos, e acho importante compartilhar aqui. Moro com minha sogra, de origem japonesa, hoje com 90 anos. Essa convivência diária, que já dura dez anos, é muito importante na formação e na educação da minha filha. Elas estabeleceram uma relação linda de cumplicidade, respeito e carinho.

No início, o papel da minha sogra era me auxiliar nas tarefas relacionadas a cuidar de uma criança de três anos. Mais tarde, o papel foi de acompanhar o processo de educação por meio do diálogo e exemplo. Isso sem dúvida ajudou a ambas, tanto no processo de desenvolvimento da Ana quanto no de envelhecimento da minha sogra.

Valores e virtudes foram consolidados durante esse período, sendo que hoje novamente os papéis começam a ser invertidos. Graças à oportunidade de conviverem com base em suas virtudes, hoje elas estabeleceram uma relação rica de aprendizado mútuo, amizade, respeito e, principalmente, amor.

A intimidade não pode ser um pretexto para maltratar alguém ou para faltar com o respeito. Na verdade, a intimidade deveria gerar ainda mais carinho e amorosidade, justamente por essa proximidade. A paciência e a gratidão são virtudes primordiais nas relações com pessoas mais velhas, por exemplo.

Eu acredito no poder da educação com amor, num ambiente em que os pais mostram aos filhos os valores nos quais acreditam e ajudam as crianças, desde pequenas, a construir uma noção de ética. Essa construção vem das explicações, quando necessárias, mas primordialmente dos exemplos. Ser mãe e pai, assim como ser professor, é ser inspirador. Inspiração, no entanto, é algo que só se alcança com bons exemplos. "Quero ser igual a minha mãe." É um sentimento belo e forte, não é mesmo?

Cada vez que a mãe olha para a televisão e faz um comentário racista, mesmo que seja brincando, a criança vai incorporar como uma verdade, ainda que inconscientemente. Veja a seriedade de uma brincadeira!

Sempre que vou buscar a Ana na escola, reparo que a fila de espera em frente à porta de saída revela a essência humana. Às vezes uma pessoa sai do carro e deixa todo mundo atrás sem poder seguir. Ou outra, mais apressada, passa na frente dos demais carros que pacientemente aguardam a sua vez. É na fila que as pessoas revelam sua verdadeira alma, muitas vezes marcada pela falta de civilidade e respeito.

Mais grave é aquela mãe que maltrata o segurança da escola, como se ele fosse alguém inferior. Tudo isso na frente das crianças. São exemplos que ficarão marcados como cicatrizes – e provavelmente serão reproduzidos por elas no futuro. Eu chego a sentir "vergonha alheia" do comportamento dos outros.

Se fôssemos pessoas gentis desde pequenos, não precisaríamos de leis e regras de trânsito. É por isso que a Nova Etiqueta é necessária para tornar a convivência mais equilibrada e feliz. Se os pais têm preconceito contra gays, por exemplo, precisam treinar a aceitação das diferenças para que seus filhos também não se tornem adultos preconceituosos. Isso é um grande gesto de amor, generosidade e desprendimento.

Sinceramente, acredito que as pessoas podem melhorar, aprender, evoluir. Elas podem, em suma, querer ser melhores para tornar o próprio filho melhor. Por mais difícil que seja. Quando isso não acontece, o círculo vicioso não é interrompido.

Algumas famílias reprimem manifestações individuais e exteriorizam preconceitos. Isso é gerado por falta de sensibilidade, respeito e diálogo. Para reverter esse quadro, é preciso se questionar e mudar posturas que podem prejudicar as relações familiares. Para isso, as virtudes devem ser exercitadas. A começar pela empatia, que nos permite compreender questões delicadas, como a homossexualidade, o racismo e a intolerância religiosa e ideológica.

As famílias de hoje são muito diversas. Casais que trazem histórias (e filhos) de casamentos anteriores são muito mais comuns que aqueles ainda em primeiras núpcias. Do mesmo modo, não faltam mães que criam sozinhas seus filhos. Ou, por fim, casais homossexuais. Todos estão presentes em belas fotografias de família. Mas, para os que integram as minorias ainda não devidamente incluídas e aceitas, a situação ainda é bem complicada. Por mais que a bandeira da diversidade seja uma luta atual, o diferente ainda causa estranheza. Este é, provavelmente, um dos maiores desafios do nosso mundo contemporâneo.

Para os filhos, ver os pais convivendo com amor e respeito é o maior valor. Esse é o legado mais precioso que podemos lhes deixar. Sabemos que não é fácil conciliar diferenças e expectativas, mas um casal que tenha a lealdade em sua essência pode conduzir melhor e com mais alegria a vida a dois.

Mais do que fidelidade, a lealdade parte do princípio da sinceridade. "Na minha viagem de férias, posso conhecer outra pessoa e ficar com ela. Se isso acontecer, te contarei." E tudo bem, se o parceiro ou parceira concordar. Ser leal é não enganar. É, isso sim, estar disposto a compartilhar tudo com essa pessoa.

A falta de lealdade no relacionamento abre espaço para a mentira, a enganação e a desaparição da ética. E isso não tem nada a ver com moral. A moralidade está ligada à sociedade e a lealdade, à ética.

Pode ser que estejamos avançando devagar nesse aspecto. Mas estamos avançando. Se pensarmos no que foi o casamento de nossas avós ou bisavós, quando eram comuns os matrimônios arranjados entre famílias, ou nos anos 1960, antes da descoberta da pílula anticoncepcional, esses avanços ficam muito claros. Se hoje estamos com um companheiro ou companheira, é porque queremos estar, e não por imposição. Ao menos é como deveriam ser as coisas.

Quando esse querer estar junto desaparece porque o amor acabou, ou pelas mais diversas razões, é hora de ambos exercitarem o olhar da empatia, de se colocar no lugar do outro e entender o sentimento, conhecer a dor e respeitar o silêncio, quando necessário. Não é nada fácil, a não ser quando a decisão está tomada por ambos.

Se ela for tomada apenas por uma parte, porém, podemos nos deparar com vários problemas e conflitos. Nesse caso, um se volta contra o outro e, em muitos casos extremos, os filhos são usados de forma covarde. Quando a mãe joga o filho contra o pai, ou vice-versa, a esfera jurídica considera esse gesto um crime chamado alienação parental. Infelizmente, é uma situação terrível e imoral, mas bastante comum. Pior ainda é quando essas relações terminam em tragédias, como sequestros e feminicídios, causando consequências e traumas terríveis para todos os envolvidos.

Na verdade, o casamento é um contrato como qualquer outro, com cláusulas que apontam deveres e direitos. Numa vida conjugal feliz, os sentimentos guardam esse papel na gaveta. Na separação, o casamento volta a ser regido pelo contrato. Quem fica com o que e com quem, no caso de filhos? Uma separação complicada mistura raiva, revolta e ressentimento com o contrato. O resultado é uma sopa indigesta e tóxica.

É muito difícil uma separação não respingar, por menos que seja, nos filhos. Por isso, é de vital importância preservar o ambiente e jamais dividir os ressentimentos e as brigas com a família. Brigas entre os pais causam imenso sofrimento, insegurança e medo nos filhos. Não há egoísmo maior do que não levar isso em consideração na hipótese de um rompimento conjugal.

Ainda que fiquem tristes ao ver a separação dos pais, eles entenderão que outros sentimentos, como a amizade e o respeito, farão parte dessa nova convivência. No tempo deles, com a delicadeza necessária. É quase certo que se sentirão mais felizes, pois, no fim das contas, o amor de pai e mãe continuará sendo exatamente o mesmo.

A maternidade também nos impõe escolhas muito diversas, e cada mulher deve tomá-las em função de sua vida emocional e econômica, suas necessidades e desejos. Apesar das opiniões e conselhos, essas escolhas devem ser apenas dela, assim como as consequências serão assumidas por ela. O julgamento social e familiar sempre existirá. Cabe a nós, mães, perseguirmos o que acreditamos que seja o melhor para a família. Se foi a escolha certa, só o tempo responderá. A decisão foi tomada dentro de um contexto. Então, não devemos nos culpar e nem nos importar com os julgamentos que sempre estão presentes na vida de uma mulher/mãe.

O meu intuito com este livro não é de julgamento, muito menos de condenação. Venho trazer um chamado urgente para a reflexão das formas como estamos conduzindo nossas escolhas no que se refere à educação de nossos filhos.

Nessa reflexão sobre a educação é muito importante pensar no quanto nossos atos podem impactar a vida dos outros. Um exemplo. Mandar os filhos para a escola, sabendo que estão doentes, expondo os outros filhos e toda a comunidade escolar.

Há exemplos positivos, como a carona solidária, em que os pais revezam o transporte das crianças na entrada e saída da escola, proporcionando uma maior oportunidade de convivência social e a redução de filas de carros na escola. A carona solidária também facilita a dinâmica dos pais, sem falar nas questões econômicas e ambientais. Ela é um belo exemplo prático e viável para as crianças e para toda a sociedade. Basta haver espírito colaborativo e mais diálogo entre as pessoas.

A educação de nossos filhos deve levar em conta a comunidade em que estão inseridos. Nossa postura, como mães e pais, é fundamental para manter uma relação harmoniosa, civilizada e respeitosa com os filhos, como casal, e no convívio social.

Por isso, a iniciação do conhecimento e o exercício das virtudes são fundamentais nas relações familiares para que haja exemplo para os filhos. Só assim a família poderá criar seres humanos prontos para construir famílias de qualquer formato e de natureza mais harmoniosa, contribuindo desse modo para a construção de uma sociedade mais justa e democrática.

Capítulo 6
Eu, nós, eles...

Capítulo 6
Eu, nós, eles...

O futuro começou ontem. A pandemia acelerou tudo – a ciência, a tecnologia, mas também os problemas de convivência, adicionando-lhes altas doses de ansiedade, medo e egocentrismo. As pessoas estão menos dispostas a ouvir. É urgente que consigamos requalificar as nossas relações nessa nova realidade, tão volátil e individualista. Caso contrário, corremos o risco de nos perder.

No mundo contemporâneo, a Nova Etiqueta representa a conduta moral no sentido de fazer a coisa certa. Não a coisa certa para mim, mas sim a coisa certa para a sociedade. Eu não preciso concordar. Preciso conhecer, compreender e respeitar as diferenças. As relações harmoniosas são aquelas em que respeitamos quem está ao lado, seja qual for a sua orientação sexual, crença religiosa ou ideologia política.

A etiqueta tradicional europeia cunhou um conjunto de regras rígidas de boas maneiras com a finalidade de diferenciar a nobreza "civilizada" da plebe, e até permitir que alguém "inferior" pudesse frequentar aquele círculo, desde que adquirisse o título de nobreza e dominasse a etiqueta. A Nova Etiqueta faz algo diametralmente oposto. Vem para construir relações sociais mais harmoniosas baseadas no discernimento, equilíbrio, bom-senso, respeito ao próximo e em outras virtudes que andaram e ainda andam um tanto esquecidas em nossas vidas. A Nova Etiqueta busca construir pontes em vez de muros.

É importante notar que a sociedade responde à desigualdade com violência. Já a justiça e a igualdade criam uma sociedade mais pacífica. No mundo conectado, a dificuldade de acesso à Internet cria um abismo social imenso. Imagino o quanto foi difícil para as famílias que não têm computador ou celular com sinal disponível nestes últimos dois anos lidar com a pandemia. É possível não encarar com empatia essa situação? Se não for, estamos perdidos.

A direção do colégio onde a minha filha estuda disponibilizou computadores para que alunos bolsistas e crianças de uma comunidade próxima pudessem acompanhar as aulas remotamente e acessar os conteúdos das escolas públicas. Para ampliar essa corrente solidária, um grupo de mães organizou e ajudou financeiramente a adquirir equipamentos adicionais.

Claro que isso não resolveu o problema de todas as crianças. Mas fez diferença para aquele grupo e, na minha casa, serviu como um exemplo de solidariedade para a minha filha, que tem 13 anos e discernimento para entender situações de injustiça e desigualdade.

O que ganhamos se ninguém olhar para as dores que nos cercam, como o preconceito, movido por um comportamento hostil e simplista? Apenas diremos "se é diferente, não aceito"? Por que não começar a desenvolver virtudes como empatia, generosidade e respeito ao outro no nosso círculo social?

São tantos momentos sociais que vivenciamos em nossas vidas (celebrações, encontros, eventos etc.) e todos exigem comportamentos adequados. Temos de nos preparar. Desenvolver as habilidades sociais é de extrema importância para que possamos conviver com harmonia em sociedade.

A sociedade nos confronta, por exemplo, com vários ritos de passagem, todos dotados de grande significado em nossas vidas. Batizado, casamento, formatura, separação, perdas, maternidade. Esses ritos nos marcam e devem ser tratados com muito zelo e respeito por todos, pois são uma parte crucial de nossa história.

Pensemos quando, por exemplo, no nascimento de uma criança, as pessoas querem visitar a família no hospital. Será que isso é elegante? Ou melhor, é adequado? É um momento de intimidade familiar e somente os mais próximos devem comparecer. Como gentileza, os demais podem expressar sua alegria por meio de uma lembrança ou mensagem que pode ser entregue sem a presença física – já que é aconselhável que o bebê não tenha muitos contatos nesse período. Dessa maneira, deixa-se a família mais à vontade nesse momento tão especial. O importante é priorizar o bom-senso e o bem-estar da mamãe e do bebê.

Vivemos momentos importantes como os aniversários, quando reunimos os amigos (inclusive virtualmente durante a pandemia) para celebrar a vida. Ou a formatura, em que a gratidão pelos pais, pela instituição, pelos professores e colegas sempre devem estar presentes e acima de qualquer outro sentimento.

Também podemos pensar em quando perdemos um ente querido, algo que representa a dor mais profunda que uma pessoa pode experimentar. Entretanto, ao compartilhar o fato numa rede social, todos se sentem na obrigação de dizer algo. É uma enxurrada de mensagens pelo WhatsApp, muitas delas digitadas quase no piloto automático, apenas para marcar presença.

Conheço uma coleção de frases infelizes: "Eu sei o que você está sentindo" é a clássica. Pergunto: será que sabe mesmo? Acho que não, pois a dimensão da dor é diferente de uma pessoa para outra. Eu posso ter uma força imensa para suportar determinada dor enquanto a minha amiga sofre com ela de um modo terrível. Melhor dizer um "Tento imaginar o tamanho da sua dor. Receba o meu abraço". Mais reconfortante para quem recebe a mensagem, não é?

Outra pérola é: "Ele já era velhinho, teve uma vida longa" ou "Ela estava doente, já era esperado, não?" ou "Pelo menos não vai sofrer mais". Algumas dessas constatações reduzem o sofrimento de quem sofreu a perda. Não seria mais solidário se limitar a um "Conte comigo caso queira ou precise desabafar"? O silêncio também diz muita coisa.

Que tal dar um tempo para a pessoa? Lembrando que a rede social é coletiva e uma mensagem muito pessoal ou emocional será mais bem recebida se for enviada de forma particular, como um e-mail ou, no momento certo, um telefonema.

O que realmente importa é respeitar a dor de quem a sente, e ser solidário e respeitoso não invadindo o território tão delicado do luto. Depois de um tempo, é a hora de ajudar a pessoa com uma boa dose de paciência, compreensão e carinho, pois cada um tem o seu próprio tempo.

Instagram, Facebook, WhatsApp, entre outras redes, podem trazer momentos de imensa descontração, alegria e trocas interessantes – desde que usadas com bom senso. O que isso quer dizer? Em primeiro lugar, as redes sociais não refletem a realidade. Cada um pode mostrar e ser o que quiser. O que não significa, obviamente, que tudo seja verdadeiro. Sendo assim, é importante ter uma vida real e relações igualmente reais.

A Internet é um terreno a se pisar com cautela, tanto para preservar a própria reputação, que você levou uma vida para construir, quanto a do outro. Você não pode nem deve, por exemplo, publicar uma foto que mostra outra pessoa numa situação constrangedora. Isso é um horror. Por que divulgar ao mundo uma situação claramente de exagero, que reflete apenas um momento específico, como um Carnaval ou uma noite de balada? Uma bobagem pode arranhar a reputação. Nessas horas, a discrição e o discernimento, a ética e a moral são fundamentais para se saber quais são os limites comportamentais que podem denegrir e até mesmo destruir a sua reputação e de outros também.

O que eu ganho ao colocar uma amiga ou um amigo, ou mesmo um familiar, numa situação desconfortável nas redes? Por que vou tocar em temas que podem expor opiniões polêmicas e que, provavelmente, serão mal interpretadas? É sempre uma via de mão dupla. Por isso, é preciso pensar no impacto sobre si e sobre o outro. Além, obviamente, de também adotar um comportamento elegante.

A sinceridade pode ser uma virtude, mas também pode ser perigosa nas relações. Prefiro sempre o bom senso ao "sincericídio". Posso matar uma relação, ofender e magoar uma pessoa, caso seja sincera demais. Nesses tempos difíceis, ninguém mais anda com a autoestima nas nuvens. Para que, então, piorar ainda mais esse quadro? A verdade sem filtro dói. Se dita a uma criança pode levá-la à depressão. Fique, portanto, na sua. A verdade de cada um é sempre muito relativa.

Fico preocupada com os jovens e sua postura atual:

"Sou autêntico, sou sincero, não sou falso".

Não é essa a questão, e sim zelar pelas boas relações. Manter a elegância nas próprias palavras. Ou seja, fazer uma boa escolha delas para dizer algo. Para comunicar com clareza e eficiência. As pessoas confundem falta de educação, aspereza, ser rude com ser genuíno.

"Vou ser verdadeiro, só falar a verdade. Eu sou assim."

A verdade pode ser dita de várias formas – e elegantemente é, de longe, a melhor delas. A elegância, aliás, deve permear nossa vida e ser um dos grandes vetores de nosso comportamento.

Receber pessoas em casa é uma das situações que mais pede o exercício da elegância. Não se trata apenas de arrumar a posição dos talheres à mesa, nem de caprichar no visual escolhido para a ocasião. Obviamente, tudo tem a ver com fazer boas escolhas que consigam agradar os convidados.

Quando falamos em receber bem, a palavra em jogo é hospitalidade. Esse grande ritual é formado por quatro pilares.

O primeiro deles é o ato de receber. Quando o anfitrião abre a porta de sua casa para o convidado, temos um momento de gentileza e alegria. O primeiro contato, a primeira impressão, são sempre muito importantes. Por isso, nada mais adequado do que receber o convidado de maneira personalizada e especial, com um sorriso. Seguem-se as palavras de boas-vindas, demonstrando a alegria, atendendo as expectativas da pessoa, apresentando locais e utilidades de uso comum (lavabo, wi-fi, etc.). Por fim, ofereça um canto para que ele possa guardar seus pertences, uma bebida e, o principal, atenção. Receber sempre é um ato de amor.

O segundo pilar é o de acolher, quando o anfitrião acomoda seu convidado num local confortável e disponibiliza tudo o que há de melhor na casa, fazendo com que ele se sinta à vontade. Esse momento tem um simbolismo muito forte, pois ao oferecer o seu melhor você está praticando o altruísmo, priorizando o outro e seu bem-estar.

O terceiro é alimentar. Como já adianta o próprio nome, é essa a hora de oferecer o alimento. Talvez ela seja a mais importante, pois é nela que as relações costumam se estreitar. O encontro ao redor da mesa é onde se exercitam muitas das virtudes preconizadas pela Nova Etiqueta. Ao preparar, dividir e servir o alimento, o anfitrião está compartilhando amor. Sim, servir é um dos degraus mais nobres da evolução humana.

Nesse pilar, importantíssimo, convém pesquisar antes o que os convidados gostam de comer e se têm alguma restrição alimentar. Sentar ao redor da mesa com um grupo de amigos ou familiares pode proporcionar uma vivência maravilhosa e ajudar a lapidar os afetos. Nesse momento também é importante usar de bom senso para não tocar em assuntos delicados, que possam provocar mal-estar ou constrangimento.

Cito alguns exemplos elementares, mas necessários. Não falar sobre nazismo ou campo de concentração na presença de convidados judeus. Não comentar sobre temas ligados à política, sabendo que pessoas com opiniões antagônicas estão no mesmo ambiente. Não mencionar pessoas que têm ou já tiveram algum atrito com um dos convidados. Não discutir sobre religião. Nunca oferecer ou tocar em bebida perto de um convidado com problemas de alcoolismo.

O último pilar é entreter. Tal verbo pode então assumir a forma de uma música, um filme, um jogo de baralho ou mesmo um cafezinho e bate-papo. É quando o anfitrião se preocupa em proporcionar bons momentos para o seu convidado. Esse momento pode ser aquele em que surpreendemos positivamente o nosso convidado, com atrações ou algo diferente e criativo, tornando esse encontro marcante. Pense nisso e crie um momento inesquecível ao receber em casa o seu próximo amigo.

Uma casa pode ser simples e ainda assim elegante e acolhedora. O principal é que as pessoas se sintam bem recebidas e acolhidas. Preparar e adequar a casa para os convidados representa um gesto de delicadeza, pois o meu desejo legítimo é de que as pessoas se sintam bem. Quanto mais eu conhecer as pessoas, mais próxima estarei de conseguir oferecer aquilo de que elas gostam genuinamente. Por exemplo: eu jamais ofereceria um jantar com serviço à francesa para pessoas que desconhecem suas regras, pois isso causaria constrangimento – justamente o que a Nova Etiqueta busca evitar. Não adequar ou apenas pensar em ostentar a recepção, ignorando as suas necessidades, habilidades e anseios é, no mínimo, algo insensato.

A elegância também é sinônimo de cuidados. Eles são variadíssimos, mas sempre ditados pelo bom senso. Traduzem-se em gestos como limpeza e arrumação, um bom lugar para sentar, prender o cachorro, silenciar o barulho e ter sempre por perto um banheiro funcionando direitinho. Cheiros fortes e sujeira devem simplesmente ser banidos por quem recebe. Todos os sentidos são antenas (audição, tato, olfato, paladar, visão). Temos, portanto, que observar todos os detalhes que abrangem esses sentidos na casa.

Horários devem ser respeitados e isso vale tanto para o anfitrião quanto para o convidado. A pontualidade tanto para chegar quanto para ir embora, é uma virtude invariavelmente bem-vinda. Aliás, os convidados também devem exercitar várias virtudes ao visitar alguém, como o respeito ao espaço do outro, não ser invasivo, ter muita discrição, não ser inconveniente, ser gentil, levar uma lembrança para o anfitrião e se dispor a ajudá-lo, mesmo que isso não seja preciso.

Não concordo com a velha máxima “Vou tratar o outro como eu gostaria de ser tratado”. Prefiro tratar o outro como ele quer ser tratado, e não como eu quero ser tratada, pois somos pessoas diferentes com necessidades e gostos diferentes. Essa é a diferença. Você pode até estranhar ou discordar. Mas é nisso que eu acredito.

Capítulo 7

A nova face do trabalho

Capítulo 7
A nova face do trabalho

O que acontece com uma sociedade que não sabe lidar com as diferenças? Pensadores de correntes diversas concluíram que um mundo assim alimenta preconceito, desigualdade social, intolerância, racismo. Um retrato fiel do mundo contemporâneo. Para se sentir incluída, uma pessoa precisa ver que seus pares de grupos minoritários também têm lugar na sociedade. Só dessa forma ela vai conseguir se enxergar socialmente. É essa representatividade que a torna incluída e traz o sentimento de pertencimento.

Mas, como vivemos em constante evolução, as coisas começam a dar algum sinal de mudança ou, pelo menos, de vontade de mudar. Mesmo com certa lentidão, a diversidade começa a chegar lentamente à gestão de pessoas das grandes empresas. Algumas já desenvolvem programas nesse sentido. Há companhias que criam cotas para forçar a inclusão. Pode ser o caminho viável e, de fato, é melhor do que nada. Mas não é isso que vai resultar em uma sociedade pacífica e harmoniosa, pois é uma situação forçada.

A inspiração é mais poderosa do que as regras. Um líder que olha para a sua equipe com empatia e generosidade, respeitando e valorizando o melhor de cada um dentro de suas diferenças, vai certamente inspirar. Como o anfitrião elegante, que adéqua o cardápio, a mesa e o tom da conversa pensando no bem-estar do seu convidado, o líder elegante também dedica essa preocupação aos seus colaboradores.

O diferente é estranho aos olhos da maioria e, por isso, acaba não sendo bem-vindo. Ele gera diferenças salariais, de tratamento e oportunidade. Jovens e idosos convivendo no mesmo ambiente corporativo é um desafio para empresas que investem na diversidade de gerações. As expectativas são muito diferentes. Mas quanto o ímpeto e o olhar inovador de um jovem podem se enriquecer com a experiência e as ponderações do outro, mais experiente.

Quanto mais eu conhecer culturas, religiões, pessoas, lugares e leituras diferentes, mais eu terei a capacidade de compreender a riqueza da diversidade. Tudo o que amplia o meu conhecimento me torna mais tolerante e empática. Tira-me da zona de conforto para que eu possa entender e aceitar as diferenças. O conhecimento abre a mente e a ignorância traz o preconceito. Por isso, a construção do repertório é importantíssima para o nosso crescimento pessoal e profissional.

Quando abri minha empresa, tive que pensar bastante para definir os valores que a norteariam. Como já exposto, os valores equivalem aos princípios, de que nunca podemos abrir mão. Se o meu valor é honestidade, todas as minhas relações de negócios serão guiadas por ela. Nem que, para preservá-la, eu tenha que terminar um negócio. Essa postura vale para as duas partes. Portanto, eu também tenho que contar a verdade, ser honesta e transparente quanto às minhas entregas, ao cumprimento do prometido, e ser ética. Praticando meus valores no dia a dia, eu conquisto coisas importantes na relação de negócios, como o respeito e a credibilidade.

Os valores estão relacionados à etiqueta corporativa, que se baseia em quatro pontos:

- Autoconhecimento, ou seja, como me comportar, me vestir, me comunicar a partir dos meus objetivos, meu propósito, do que gosto e me sinto bem.
- Conhecimento dos outros, pois quanto melhor entendo as pessoas com quem vou me relacionar e o ambiente onde irei interagir, mais terei chances de me desenvolver;
- Relações, buscando criar vínculos profissionais dentro da empresa e no mercado, a partir de respeito, generosidade, bom-senso, gentileza e cooperação;
- Repertório, já que a moeda mais preciosa, hoje, é a informação.

Por mais que uma pessoa se sinta segura para concorrer a uma vaga, por exemplo, ou para conduzir a carreira na empresa que trabalha, ela não pode se esquecer de que, no mundo corporativo, será sempre avaliada. Isso significa ter de usar o vocabulário adequado e buscar o equilíbrio em tudo – como, por exemplo, nos comentários ou nas brincadeiras.

É fundamental ter discernimento para saber o que falar, com quem falar e quando falar. Atenção idêntica ao que deve ou não ser abordado, por exemplo, numa reunião com o cliente ou um parceiro. Uma boa definição para a palavra discernimento é a capacidade de avaliar as coisas com bom-senso, clareza e filtro.

Nossos comportamentos, posturas e comunicação e nossa capacidade de relacionamento com as outras pessoas, são elementos que fazem a empresa tomar as decisões quanto aos seus colaboradores. Uma pesquisa da Universidade de Harvard afirma que 80% das contratações, promoções e demissões são feitas por causa das virtudes, que, na linguagem corporativa, são chamadas de *soft skills*, consideradas até mais importantes do que o conhecimento técnico em si. Obviamente todo profissional precisa investir na sua formação. Mas ela sozinha não garante uma carreira bem-sucedida. Da mesma forma, um currículo que mente sobre suas qualidades ou uma entrevista feita com base em mentiras não se sustentam.

Gosto da frase clássica de Walt Disney: "Nem sempre eu vou ter a segunda chance de causar uma boa primeira impressão".

Talvez eu esteja chegando e não tenha tempo de conversar nem de mudar aquela primeira impressão, que pode ter sido equivocada. Será que eu sei qual é o limite entre a vida privada e a vida profissional? Ou me confundo e ajo no ambiente corporativo como se estivesse entre amigos, ou em casa? Isso seria péssimo e, infelizmente, acontece muito.

O oposto do equilíbrio é o exagero, um grande inimigo das reputações. Um exemplo clássico envolvendo reputação e exagero é a famigerada "festa da firma". Todos estão muito animados, confraternizando, e os copos a mais levam as pessoas a fazerem coisas inimagináveis. Há muitas histórias sobre o tema, algumas que levaram colaboradores a perder o emprego ou ficar com a reputação arranhada. Uma viagem corporativa, outro exemplo clássico, exige muita cautela. Ao participar de um congresso em outra cidade, ou país, deixo de ser uma pessoa física e me torno uma pessoa jurídica, um CNPJ, ou seja, represento a empresa. Qualquer escorregão recairá sobre a imagem dela.

Mais uma vez, eu pergunto: que imagem eu gostaria de deixar no ambiente de trabalho? De uma profissional séria, que sabe se expressar e se comunicar de acordo com aquele ambiente, é gentil e respeita as outras pessoas?

É importante compreender que, após a popularização da Internet, as regras sociais se modificaram, mas o que não pode mudar é o respeito e a valorização do ser humano. Atos como escrever um e-mail, divulgar notícias no WhatsApp, compartilhar informações nas redes sociais, adicionar ou excluir um amigo no Facebook, retuitar uma opinião no Twitter ou postar uma foto no Instagram podem ter consequências para o resto de nossas vidas.

Sendo assim, prefiro divulgar o bem, compartilhar coisas boas, fazer elogios ou ficar em silêncio (o que às vezes é mesmo melhor). Prefiro trocar as fofocas e comentários desnecessários por informações coletivas e úteis, propagar amor e promover reflexões democráticas. Eu quero inspirar – e não pirar – os outros. Essas boas práticas já ganharam vários nomes. Um deles é a Nova Etiqueta.

No mundo ilusório das redes sociais, as pessoas são movidas por *likes* e números de seguidores. Mas, antes de me preocupar com audiência, preciso pensar no impacto disso para a minha imagem e reputação no futuro.

Como nem tudo são flores, todo profissional pode se deparar em algum momento com a demissão. Qualquer ruptura delicada é também um momento de exercitar diversas virtudes como Empatia, Gentileza, Respeito e Gratidão. O fundamental é ter humanidade. É possível, sim, demitir e dar esperança, mostrar que outras oportunidades se abrirão, valorizar a pessoa, apesar da situação adversa. Eu já tive a dura missão de demitir alguém e me perguntei: "O que eu posso fazer para sanar a dor dessa pessoa?". Sei que se eu estivesse no lugar do demitido, eu teria todo o direito de ficar triste e até chorar, se não conseguir conter as lágrimas. Eu sou humana e a notícia, principalmente se for inesperada, pode me causar um baque. Mas, ao sair, deixarei uma porta aberta naquela empresa ou levarei uma boa indicação para uma recolocação.

Só não posso me tornar agressiva e deixar que a raiva domine a conversa, ainda que me sinta injustiçada. Se isso acontecer, vou embora e resolvo a questão com um processo judicial. Isso é ter equilíbrio e bom senso. O excesso é o vilão das relações. Seja na felicidade, seja na raiva ou tristeza. Só o equilíbrio vai me ajudar a fazer a coisa certa.

Capítulo 8
Eu versus nós

Capítulo 8
Eu versus nós

Como na Revolução Industrial, quando o vapor redesenhou totalmente as sociedades ao redor do mundo, a transformação digital em andamento hoje tem impactos em todos os aspectos de nossa vida. Ambas têm na tecnologia a sua turbina. Mas com uma diferença crucial. A intensidade. A rapidez com que as mudanças ocorrem atualmente é vertiginosa.

O mundo, eu costumo dizer, tornou-se volátil como nunca havia sido em toda a História. Jamais a humanidade avançou tanto e tão rapidamente do ponto de vista tecnológico – um fenômeno que significa tanto novos horizontes e avanços, até aqui impensáveis, quanto dificuldades para acompanhar essa marcha acelerada.

De cara, a transformação dividiu a sociedade em duas – e, ao menos nos próximos anos, essa divisão tende a se acentuar cada vez mais. Há de um lado os que possuem do outro e os que não possuem acesso à Internet. Os primeiros seguem na luta. Os demais se equilibram entre a exclusão pura e simples e a espera de que políticas públicas os coloquem em pé de igualdade.

Além disso, há os que já nasceram nesse novo ambiente, os chamados nativos digitais, e os que foram colhidos por essa transformação já adultos. Esses últimos, entre os quais me incluo, integram as derradeiras gerações analógicas. São pessoas que tiveram suas vidas mudadas radicalmente em todas as suas dimensões – e que, decerto, terão de despender muito mais esforços e atenção para seguir acompanhando as mudanças, que vêm em ondas contínuas e cada vez mais rápidas.

O digital já é uma realidade – e todos nós, nativos ou analógicos, teremos de nos adaptar ao seu ritmo, caso não queiramos ficar para trás. Não é brincadeira. Há menos de 50 anos atrás, comprar uma linha telefônica no Brasil requeria um bom dinheiro e alguns anos de espera. Um telefonema de 15 minutos para Nova York ou Europa custava então cerca de 100 dólares. Hoje você pode passar o dia inteiro conversando com alguém em qualquer telefone, em qualquer lugar do mundo, sem gastar um centavo.

A interconectividade é, provavelmente, a primeira grande marca dos tempos digitais. Estamos todos conectados, mesmo que não façamos uso pleno dessa condição. Essa virada há tempos vem mudando comportamentos e nossas próprias vidas.

Trilhamos um caminho incerto e altamente volátil que, a cada novidade, pede uma reconstrução atenciosa de nossa identidade, hábitos e propósitos. Minha mãe, por exemplo, colocava cadeados no telefone, já que as chamadas eram caras. Fico pensando no que ela diria hoje ao ver todo mundo (adultos, crianças) pisando, mesmo que inconscientemente, nessa dimensão digital por meio de seus celulares. Hoje, afinal, quase não há quem não tenha o seu.

O que diria ela desse mundo hiperconectado, em que desaparecem todas as fronteiras? Em que as distâncias não são mais uma barreira. Os horários, ainda menos. Os idiomas, por sua vez, são um empecilho cada vez menor e mais facilmente contornável. A própria tecnologia é o novo idioma. Ela simplesmente muda, avançando – e nós é que temos que nos adequar às mudanças.

A minha filha Ana e suas colegas têm a assistente "inteligente" Siri, uma espécie de robô da Apple, tipo Google, que responde por áudio a qualquer pergunta. Ana brinca que a robô sabe mais do que eu. Há outros robôs, mais avançados, que até se mexem. Vi um modelo que conta historinha para criança. Na hora de deitar, o robozinho acende e apaga a luz e conta a história da Branca de Neve para a criança dormir. Algumas mães acham isso fantástico, pois se veem livres dessa "obrigação". Mesmo exaustos, eu contava historinhas e o meu marido cantava para nossa filha dormir.

É estranho pensar que as crianças daqui para a frente vão perguntar mais para um robô do que para as mães. Eu perguntava tudo para os meus pais e, talvez por isso, essa perspectiva me cause um pouco de frustração.

Qual o impacto desses robôs nas relações familiares? Como uma mãe de adolescente vai lidar com essa segunda conselheira? Fica a pergunta para já: qual é a medida que devemos dar aos nossos filhos com relação às telas do celular ou do *tablet*?

Mas a tecnologia mudou as relações em todos os âmbitos. Os sites e aplicativos de relacionamento ganharam força na pandemia. O medo da contaminação e o isolamento conectaram muita gente e surgiram relações amorosas sem o *touch*. As reuniões em família e o *happy hour* entre amigos, hoje, acontecem pelo WhatsApp e nas salas virtuais, assim como as reuniões de trabalho.

Como podemos nos manter alinhados a essa metamorfose? A primeira resposta é: sendo nós mesmos! Sim. Se você quer transmitir uma imagem de, digamos, elegância, minha recomendação é simples: "seja elegante". O mundo digital não nos mudará em nossa essência. Seremos sempre o que somos. O que mudou, na verdade, foi a forma de comunicarmos nossa própria imagem aos outros.

Podemos, agora, participar de uma reunião de trabalho em plena madrugada com gente de todas as partes do mundo. Isso não quer dizer, porém, que podemos nos reunir de pijamas ou descabelados. Continuamos a ser o que somos. Só que agora precisamos compreender melhor como transitar sem atritos por esses dois territórios: o presencial e o virtual.

Nossa busca, portanto, deve ser prioritariamente interior. Conhecer melhor quem somos, enriquecer o nosso repertório a partir da educação e também do autoconhecimento e colocar em movimento as virtudes do nosso eu mais genuíno. É esse o nosso maior desafio. Saber quem somos de verdade, qual o nosso verdadeiro propósito nessa vida e como comunicá-lo aos demais.

Vivemos num mundo em meio a uma transição delicada. Por muitas décadas vivemos sob influência do capitalismo americano, cuja base é a livre-iniciativa. Nesse modelo, o individualismo prepondera. Todos são livres para buscar e explorar oportunidades, mesmo que isso signifique prejuízo ou desagrade aos demais. É o bom e velho cada um por si, ainda que mediado pelos limites da lei.

Hoje, no entanto, há um contraponto a esse modelo individualista. Ele é representado pela China, que, nas últimas décadas, vem assumindo o protagonismo geopolítico mundial. O modelo chinês está longe de ser democrático aos olhos do nosso chamado Ocidente. Seu regime é totalitário. Isso não impede, porém, que seu espírito, na prática, seja mais voltado ao coletivo que ao individual. Há, portanto, duas pulsões antagônicas no mundo atual. O individualismo e o coletivismo. Ambos têm visões bastante distintas do que sejam conceitos como propósito, valor social e mesmo a democracia. Esses dois regimes, no entanto, dividem ao menos uma unanimidade. Para ambos, compartilhar é, provavelmente, o verbo mais emblemático de nosso tempo. É, também, um exercício da vocação coletiva. Tenho, porém, uma clara predileção pelo modelo coletivo.

No fim das contas, o coletivo também favorece o individual, mesmo que de modo indireto. O que melhora a vida de todos melhora também a minha. O que fazemos por todos fazemos também por nós. Foi isso que aprendi com o Shinshetsu, em que o poder da gentileza é a principal ferramenta para viver em harmonia.

Eu sempre me pergunto se a etiqueta deve ser uma regra imposta ou ser assumida voluntariamente por cada um de nós. Pode parecer um mero exercício teórico. Não é. Essa, em minha opinião, é a questão crucial de nosso tempo. Nossos comportamentos devem ser regidos por leis e regras criadas em nosso processo civilizatório social ou deveriam ser norteados por nossas virtudes e valores?

Bem, eu defendo com a Nova Etiqueta que tenhamos o bom-senso de conhecer, entender, analisar e cumprir as leis e regras. Mas, que também tenhamos a coragem e o conhecimento para aprimorá-las e um dia mudá-las, quando elas já não atenderem mais às necessidades da nossa sociedade ou quando forem importantes para o bem coletivo.

As mudanças acontecem e não vão parar. Então, por que a etiqueta deveria ser estática e antiquada? A Nova Etiqueta é democrática, inclusiva, elegante e moderna. Ela acompanha as transformações sociais baseando-se nas virtudes humanas, na moral e na ética. Como vivemos em um mundo que envolve tecnologia, informação e comunicação, a Nova Etiqueta tem que estar atualizada e vibrante nesse contexto.

Ainda engatinhamos nas redes sociais para encontrar a melhor maneira de nos comunicar e de transmitir a nossa imagem. Mas uma coisa é certa. Nossas mensagens serão mais claras e eficazes sempre que revelarem o nosso lado verdadeiro, sem disparidade entre a realidade e a dimensão virtual. Obviamente, há inúmeros ruídos nas redes – de que as *fake news* são o exemplo mais gritante. Além disso, o território digital, como uma borboleta em metamorfose, a cada dia altera seus comandos algorítmicos para incorporar novos saltos tecnológicos e outras formas de uso das redes sociais. Para aqueles que não pretendem ser vítimas dessa volatilidade, eu recomendo cautela. Desconfie sempre! Suspeitar não faz mal a ninguém. Principalmente na dimensão digital. As *fake news* não resistem ao discernimento.

Vivemos um momento de transição e o impacto de tudo isso nas nossas vidas e nas relações só será entendido com o tempo. O metaverso começa aos poucos a se formar. Um mundo paralelo onde cada um pode ser o que quiser — homem, mulher ou um eunuco assexuado — e se relacionar em ambientes acolhedores com lareira, em salas de reuniões supermodernas, com pessoas de várias partes do mundo e tradução simultânea. Com o cartão de crédito, fazer compras, viajar. O que será absolutamente normal amanhã, hoje ainda me assusta. Como os avanços tecnológicos não param de brotar, muna-se de paciência e vá, como todos, buscando intuitivamente potencializar a sua comunicação. É como se tivéssemos de trocar o pneu com o carro andando. Algo confuso, mas necessário, se quisermos prosseguir a viagem.

Capítulo 9
O novo luxo

Capítulo 9
O novo luxo

Quando penso nas questões do mundo contemporâneo, procuro olhar para trás. Acredito que só compreendendo o passado seremos capazes de entender as demandas do presente e projetar um futuro provável. Na corte de Luís XIV, nasceu a ideia de luxo, com espelhos magníficos, obras de arte e ouro por todo o palácio de Versailles. O Rei Sol, como ele era conhecido pelo brilho da sua corte, achava que, aos olhos do mundo, o luxo tornaria a França mais poderosa em termos econômicos. O país teria maior prestígio, e a monarquia seria fortalecida. Menos de um século depois, a Revolução Francesa guilhotinou não apenas Luís XVI e sua família, como também o luxo e tudo o que ele representava.

Apesar dos altos e baixos, porém, o luxo nunca deixou de existir. Os movimentos *hippie* e naturalista da geração dos anos 1960, por exemplo, romperam com os padrões de luxo. Mas já na década de 1980, houve uma recuperação do antigo brilho e das marcas glamourosas. Aliás, não podemos falar sobre luxo sem falar também de marcas.

Uma marca de luxo faz por merecer o título, já que a sua criação precisa reunir três aspectos fundamentais. O primeiro é a tradição. É preciso ter uma história por trás de si. Alguns exemplos: vir de uma linhagem que já gerou gerações de artesãos ou haver criado um *design* cujas formas resistiram aos séculos. O segundo é a qualidade, que realmente precisa ser um ponto fora da curva. O terceiro aspecto é a escassez, ou seja, uma produção limitada que garanta exclusividade ao produto. Por tudo isso, dá para entender que não é apenas o preço que torna uma marca luxuosa.

Não existem muitas Ferraris no mundo, e é exatamente isso que faz da marca um luxo, desde que também associada às outras características. Da mesma forma, um perfume Chanel não pode ser comparado a uma marca de produtos em larga escala.

Há quem desembolse muito dinheiro para possuir um objeto, que nem sempre é de luxo por não trazer em si os três aspectos fundamentais. São em geral novos ricos, que têm a ilusão de estar comprando luxo apenas pelo fato de se tratar de coisas caras.

Nesses casos, o objetivo é a ostentação. A mesma que movia a burguesia que desejava ascender socialmente comprando títulos de nobreza para circular na corte francesa, numa tentativa um tanto patética de se igualar aos próprios nobres. Vimos o mesmo por aqui, quando a família real portuguesa se mudou para o Brasil, em 1808.

Nos nossos tempos, as grandes fortunas não estão apenas nas mãos de herdeiros. Os super ricos brotam em diversas áreas. Podem ser jogadores de futebol, artistas, empresários. Há aqueles que buscam o luxo genuíno, mas, ao que tudo indica, a maioria quer apenas espaço sob os refletores para a sua ostentação.

A ostentação está muito relacionada ao consumo de produtos de imitação, prática que começou nos anos 1990. Se você perguntar o que é Louis Vuitton para alguém que está usando uma bolsa falsificada, provavelmente essa pessoa não terá a menor ideia de que Louis Vuitton foi um artesão, muito menos que a marca que ele criou já tem mais de 150 anos.

Dizem que os grandes consumidores de marcas atuais seriam a elite que está ascendendo socialmente. Ela quer parecer ser algo que não é e, no fundo, não tem conhecimento nem repertório do que seja luxo.

A ostentação também está ligada ao exagero e à falta de adequação. Seu intuito é causar espanto e demonstrar poder. A antítese da generosidade genuína é a ostentação. Com as redes sociais, as pessoas sentem a necessidade de estar de acordo com os padrões que vão agregar mais seguidores. Para isso, utilizam a generosidade ostensiva, que nada tem a ver com o altruísmo, o pensar no outro.

Saber apreciar as coisas boas em suas mais diversas formas e expressões pode trazer experiências muito prazerosas e inesquecíveis. Mas a imensa maioria das pessoas não tem acesso a experiências mais caras. Isso não quer dizer que coisas boas sejam ruins. A questão é como usufruir coisas boas. É preciso ter cuidado. Elas têm que fazer parte dos momentos de maneira natural, sem causar espanto ou constrangimento aos outros. Isso significa estar no contexto, adequado à situação. Caso contrário, será grande o risco de soar desagradável ou deselegante.

Quanto mais repertório tivermos, mais agiremos de forma elegante e coerente. Considero o conhecimento o nosso maior luxo. Um novo luxo. Assim como a Nova Etiqueta está surgindo como resposta a um mundo caótico e frágil, a ressignificação do luxo também é um fenômeno em curso.

Numa sociedade de consumo em que a grande régua é a exibição do que se possui, o novo luxo valoriza o tempo. É ele, repito, o nosso mais valioso ativo. Se você tem tempo para se sentar numa cafeteria, num restaurante, numa praça, ler um livro, ouvir uma boa música, viajar sem pressa, certamente está desfrutando o luxo.

O novo luxo está relacionado à geração dos *millenials* e à geração Z (nascidos entre 1995 e 2010), que questionam cada vez mais o supérfluo e o fútil. Essas gerações estão mais preocupadas com a sustentabilidade, entre outras questões que estão bem além do simples consumo de marcas famosas. Quando o mundo do luxo percebeu isso, tanto as marcas clássicas quanto as que estão surgindo começaram a se preocupar em incluir materiais e práticas sustentáveis no próprio negócio. Isso se tornou um grande atrativo adicional ao luxo e conferiu-lhe, digamos, um lugar na escala do politicamente correto.

A valorização de produtos locais e sazonais também passou a ser considerada atributo de valor para hotéis e restaurantes. Demonstra preocupação socioambiental, o que nos leva a pensar no consumo consciente. Hoje, um número crescente de empresas vem aderindo à chamada ESG, um conjunto de boas práticas que salienta o compromisso das empresas com as dimensões ambiental, social e de governança de seus negócios.

Mais do que o poder de compra em si, o novo luxo valoriza a experiência. Lembro muito das excursões de algumas agências de viagem populares que promoviam pacotes do tipo "conheça a Europa em sete dias". Era uma hora em Lisboa, uma manhã em Madri, uma tarde em Paris. Nelas, os turistas conheciam os pontos turísticos, como a Torre Eiffel e o Coliseu, tiravam fotos (hoje, *selfies* para postar nas redes sociais) e pronto. "Conheço a Europa".

Esse turista, muito comum nos anos 1980 e 1990, é o que podemos chamar de "viajante ostentação". Muito diferente do turista que busca conhecer os lugares e os habitantes locais. Esse novo viajante dedica tempo para conhecer os hábitos das pessoas, saber como é a hospitalidade local, algo impossível de se obter com uma simples pernoite num hotel internacional. O novo turista vai vivenciar os restaurantes locais e conhecer periferias. Ele vai, enfim, buscar experiências locais. Isso é luxo.

Se luxo é tempo, nós o desperdiçamos miseravelmente nas redes sociais sempre que fofocamos, disseminamos *fake news* ou postamos uma exposição de intimidade, uma crítica preconceituosa ou um comentário desnecessário. Estamos desperdiçando tempo e sendo fúteis. Futilidade é algo que, decididamente, não combina com luxo.

Quando penso em um novo luxo e uma Nova Etiqueta que possa nortear a cabeça das pessoas, penso em resgate. Resgate da educação, da hospitalidade, da elegância, da polidez, de uma boa postura, do respeito, da aceitação da diversidade, das variáveis de relacionamento.

Vivemos um momento de ambiguidade, em que quase nada é 100% certo ou errado. Não conseguiremos acertar todas as nossas decisões, mas ao menos podemos fazer escolhas conscientes. Como o luxo hoje não se limita mais ao consumo, e está muito mais ligado ao bem viver, ao conhecimento e à cultura, seu caráter hoje tende mais para o coletivo que o individual. Um luxo que, em maior ou menor escala, tenha um impacto coletivo tão recompensador quanto individual. A sustentabilidade e a responsabilidade socioambiental são estradas nessa direção.

A pandemia nos mostrou o quanto somos frágeis e o quanto, de uma hora para outra, as coisas podem mudar em todos os sentidos. Em meio a tanta volatilidade, a humanidade tem urgência. Precisamos de um norte para conduzir nossas relações familiares, sociais e profissionais.

Ao longo da história, a etiqueta veio se transformando e se adaptando aos usos e costumes, ao contexto e, principalmente, às necessidades da sociedade. O papel da Nova Etiqueta e seu grande desafio, no presente, é o de equilibrar as relações, tornando-as mais respeitosas e harmoniosas.

FIM